U1019300

少年正气说

演讲口才

马克◎著

中国友谊出版公司

图书在版编目（CIP）数据

少年正气说：演讲口才 / 马克著. -- 北京：中国友谊出版公司, 2019.6（2019.8重印）
ISBN 978-7-5057-4697-8

Ⅰ. ①少… Ⅱ. ①马… Ⅲ. ①演讲—语言艺术—青少年读物 Ⅳ. ①H019-49

中国版本图书馆CIP数据核字(2019)第069699号

书名 **少年正气说——演讲口才**
作者 马　克
出版 中国友谊出版公司
策划 杭州蓝狮子文化创意股份有限公司
发行 杭州飞阅图书有限公司
经销 新华书店
制版 杭州真凯文化艺术有限公司
印刷 杭州钱江彩色印务有限公司
规格 880×1230毫米　32开
6.375印张　115千字
版次 2019年6月第1版
印次 2019年8月第2次印刷
书号 ISBN 978-7-5057-4697-8
定价 29.80元
地址 北京市朝阳区西坝河南里17号楼
邮编 100028
电话 （010）64678009

自 序

如果说2008年我写作的《虎口夺单：狼性销售的实战秘籍》一书是出于生理需求和安全需求，5年后出版的《舌行天下：上台演讲及当众讲话技巧与方法》一书是出于归属需求和尊重需求，那么2018年开写、2019年出版的《少年正气说——演讲口才》一书则是出于自我实现需求，更准确地说，是为了一群志同道合者的自我实现。

40余年的改革开放，“放”进了很多好的东西，也出现了一些不好的东西。心随物转，迷失方向、追不到物的人，大多不幸福；追到物的人，也很少有幸福的。

人们到底是怎么了？如果是心迷失了，那就去把心找回来。孟子说，“求其放心而已矣”，把那颗放逐在外的心找回来，放到肚子里，摆正位置，整个人就能呈现出浩然正气的生命状态。

所以，本书中我花了一半的篇幅讲正气。在写作过程中，我的思维从20世纪七八十年代——那时我还是一个孩子——延续到2019年，我对孩子教育问题的思考，也跨越了三四十年的时空维度。这三四十年，很多东西变了——每个家庭的孩子变少了，变娇了，变累了，变聪明了。有人抨击棍棒教育的缺点，有人反思赏识教育的缺点，有人思考西方平等沟通模式与中国等级沟通模式之间的冲突。

是的，时代变化了，一切都在变化，但不变的是什么呢？父母希望将孩子培养成什么类型的人、孩子愿意变成什么样的人，并无一模一样的标准，世界本来就是多姿多彩的。不过虽然千人千脸，万人万面，但我相信，人心之正，是任何时代、任何社会都需要发扬光大的。

写作本书时，我一直问自己初心何在？书中所有的文字，就像我在和朋友聊天，聊自己的人生观、价值观和世界观，聊孩子的教育话题、人格成长话题，聊如何提升演讲能力。在书的第三部分（下篇）中，我谈了一些沟通、谈判、领导力方面的话题，这些技能也属于“说”的范畴。如果说40岁的我已经小有收获，我深知它们和这些能力是分不开的，所以我想把这些令我受益的人生感悟写出来与读者分享。除此之外，我要求自己不刻意去写一些“讨好”读者的话，也不为凑篇幅去写一些正确的废话。由于书中部分文字要表达的思想在理解上可能会有些难度，我也尽量写得雅俗共赏，但这里面没有任何迎合的意思。我希望这是一本读者看完后不会扔掉的书，一本可以被保留的书。若真如此，那将是我的荣幸。

值得说明的是，本书初稿得到了蓝狮子图书策划编辑姜井勇老师的首肯，他给我提出了一些建议。比如，我们在讨论这本书的名人推荐时，一度为邀请哪些名人、哪些名人推荐可能会增加本书的“分量”煞费苦心。一天，姜老师忽然说，咱要么随缘如何？当时我正在去北京的高铁上，“随缘”这两个字给我的震撼是巨大的。《大学》中说，“知所先后，则近道矣”。我想，有些名人连书都没认真读过就推荐，这其中还有“先后”吗？还有道吗？还有正气吗？那一刻，我决定取消所有我不认识的名人推荐，回归初心，回归正气，回归光明，回归清澈。

我还要感谢本书责编江存雨老师，她严谨的审稿风格让我心生敬佩。甚至一句引文她都要找到出处，这让我有点惭愧和尴尬。但我知道，正是这样的精神才能使本书更规范、更隽永，也更值得被阅读和保留。

我要感谢我的父母，他们对我或正确或错误的教育，都给了我很多思考，并形成了我的思想；我也要感谢我的孩子，我对他们或正确或错误的教育，让我反思；我还要感谢云南、宁夏、贵州等地的贫困学子们，在前后5年的慈善公益历程中，我数次走进他们的世界。我们捐赠了六七千个贫困孩子，与其说是我们点亮了他们，不如说是他们点亮了我们。从他们的身上，我感悟了很多。

最后，我要特别感谢我的兄弟姐妹和学生们，他们都是功成名就的企业主和企业家，我们以师生的身份在课堂上相识、相知、相守。他们出钱出力，甚至有人多次跟随我走进深山和沙漠，共同筑就我们的愿景。

正是所有帮助过我、教育过我的人，抑或我帮助过、我教育过的人，以及那些责难、蔑视过我的人，共同构成了我的世界。每个人的世界都是一本书，我把这本书写出来，并给它取了一个名字：少年正气说——演讲口才。我希望你能读到它、读懂它、思考它、批评它，然后观照自己，做一个更正气的少年，做一对更正气的父母，做一个更正气的好人。

马　克

2019年3月15日　苏州

//目　录//

上篇　翩翩少年／1

第一章　志／3

　　第一节　志存高远／5

　　第二节　君子不器／19

第二章　学／23

　　第一节　博之以文／25

　　第二节　约之以礼／27

第三章　习／35

　　第一节　学而不厌／37

　　第二节　改过责善／43

　　第三节　脚踏实地／49

中篇　正气说／53

第四章　正／57

　　第一节　不偏不斜／59

　　第二节　正直正派／61

第五章　气／67

　　第一节　喜怒有常／69

　　第二节　哀乐相交／72

第六章　说 / 77
第一节　不说假话 / 79
第二节　敢说真话 / 81
第三节　评宇说宙 / 84
第四节　浩然正气 / 86

下篇　演讲口才 / 93

第七章　准备 / 95
第一节　话说演讲 / 97
第二节　演讲阶梯 / 101
第三节　克服紧张 / 109
第四节　建立自信 / 117
第八章　操练 / 121
第一节　万能结构 / 123
第二节　说话逻辑 / 130
第三节　演讲气场 / 148
第九章　应用 / 179
第一节　沟通口才 / 183
第二节　谈判口才 / 191
第三节　领导口才 / 193

上篇 翩翩少年

谈到少年，古往今来，文人墨客都不吝赞美之词。

杜甫在《饮中八仙歌》中写道：“宗之潇洒美少年，举觞白眼望青天，皎如玉树临风前。”

王维在《陇头吟》中写道：“长安少年游侠客，夜上戍楼看太白。”

曹雪芹在《红楼梦》中写道：“面若中秋之月，色如春晓之花，鬓若刀裁，眉如墨画，面如桃瓣，目若秋波。虽怒时而若笑，即嗔视而有情。”“转盼多情，语言常笑。天然一段风骚，全在眉梢；平生万种情思，悉堆眼角。”

梁启超在《少年中国说》中写道：“故今日之责任，不在他人，而全在我少年。少年智则国智，少年富则国富；少年强则国强，少年独立则国独立；少年自由则国自由，少年进步则国进步；少年胜于欧洲，则国胜于欧洲；少年雄于地球，则国雄于地球。红日初升，其道大光；河出伏流，一泻汪洋；潜龙腾渊，鳞爪飞扬；乳虎啸谷，百兽震惶；鹰隼试翼，风尘翕张；奇花初胎，矞矞皇皇；干将发硎，有作其芒；天戴其苍，地履其黄；纵有千古，横有八荒；前途似海，来日方长。美哉，我少年中国，与天不老！壮哉，我中国少年，与国无疆！”

翩翩美少年，翩翩少年美，美在何处？美在真，美在善。缺少真与善的皮肉只能叫漂亮，不能称之为美。

第一章 志

第一节　志存高远

大约在八九岁的时候，我爱玩，不爱读书，父母常常会对我说一句话："有志者立长志，无志者常立志。"这句话把我耳朵都磨起茧了，让幼小的我记忆深刻。

十七八岁读高中，做语文试卷的时候，有个填空题，令我印象深刻："有志者事竟成，破釜沉舟，百二秦关终属楚；苦心人天不负，卧薪尝胆，三千越甲可吞吴。"这句话从此走进我的世界，并深深地滋养了我的"志"。

大概是35岁那一年，有一次，我在河南济源和一个喜欢舞文弄墨的50多岁的诗歌爱好者吃饭，席间畅聊，他说到李鸿章从家乡合肥到京城闯天下时写的一首诗："丈夫只手把吴钩，意气高于百尺楼。一万年来谁著史，八千里外欲封侯。"[①]他动情地背诵着，我仿佛看到这位50多岁将要退休的政府干部心中未曾熄灭的少年志向。我在想，是什么让这

---

① 参考《李鸿章全集》（第37卷），顾廷龙、戴逸主编，国家清史编纂委员会·文献丛刊，安徽教育出版社2008年版。

位50多岁的男人磨掉了曾经的少年志呢？我也联想到毛泽东离开家乡时写的那首诗："男儿立志出乡关，学不成名誓不还；埋骨何须桑梓地，人生何处不青山。"我还想到了周恩来在南开中学读书时说的那句"为中华之崛起而读书"。

我似乎对立志方面的故事很感兴趣，或许四十不惑的我依然还怀有少年志向吧。朋友们开玩笑地说，我身上有一股傻劲。我知道，他们不是在笑话我，而是在赞美我、羡慕我，我也很喜欢在这个年纪还有这样的生命状态。

谈到高远的志向，每个人心中都有自己高大的偶像，有的是科学家钱学森，有的是企业家任正非；若论志向的至高至远，则非古圣先贤莫属。邹聚所先生曾说："若不是必为圣人之志，亦不是立志。"可见，古人对志向的定义多么严苛。

很遗憾，如今的人们一谈到志向，满嘴都是名利，我们常常听到爷爷奶奶们对孙子孙女说"好好读书，长大当官做老板，赚钱给爷爷奶奶买好吃的"，少年们就在这样的教化中一天天长大。

父母们宁愿把孩子送去补习数学英语，也不让孩子学圣贤文化，甚至有的父母说："圣贤能当饭吃吗？学圣贤能考上大学吗？成为圣贤太难了，我的孩子只是普通的孩子。"我完全能理解父母的想法，但我真的很怀疑，这样的思维，能培养出优秀的孩子吗?

我在想，就算把孩子培养成考试机器，考上了清华北大，哈佛麻省理工，又能怎样呢?最多是一个会赚钱的所谓社会精英吧。或许他们如父母之愿，成了金融达人，拿着高薪干着体面的工作。他们坐在光明、豪华的办公室里，用其独步武林的专业，在合法的前提下观察着股票、操控着股票，然后赚取大量的金钱，殊不知，远在千里之外的股民们，正由于他们的体面工作与合法操作而倾家荡产。所以，没有根的树，越茁壮越危险。

我们再想想，成为圣贤真的太难了吗?你的孩子真的只是普通的孩子吗?未必吧。准确地说，是你认为成为圣贤太难了;准确地说，是你认为你的孩子只是普通的孩子;准确地说，是你将你的孩子当普通的孩子来培养:这才是中国教育的大问题。

明朝大儒王阳明先生在龙场悟道时就明确指出“圣人之道，吾性自足”，当然，我相信大人们看到这句话，要么麻木而过，要么一笑而过。但我希望少年们能相信这句话，相信自己和孔子孟子的本性是一样的，都有成为圣贤的可能性。若真如此，中国的教育就更有希望，中国的未来就更美好了。

以我自己为例，来说说我对人生的体悟。我的职业生涯从营销学和管理学开始一并得到发展，通过20年的工作和打拼，在营销学和管理学的武装下，我在职场上也算如鱼得水，我和我的家庭也因此过上了还算不错的物质生活。但随之而来的是，我找不到人生的方向：难道我的人生整天就是吃喝玩乐吗？有段时间，我过得很麻木，甚至很惶恐，我觉察到自己就像落叶一样，随风飘荡。我到底怎么了？

我在思考，怎样活着才是最幸福的？我不断寻找幸福的答案，我相信很多40岁左右的父母都会有同感。我越来越清楚，优越的吃喝玩乐条件并不能给我带来心灵的满足；优美的音乐、远方的山水，也只是给我带来短暂的喜悦，但那不是生命之乐——幸福。

我开始审视我的生命。美国著名社会心理学家亚伯拉罕·马斯洛先生的“需求层次理论”，很好地给我指明了方向——我早已越过了生理需求；我的吃穿住用行也比较安全，我甚至还拥有一些国际奢侈品牌；我是一名老师，也很受人尊重，但这一切都不能让我幸福；我要“自我实现”（这就是亚伯拉罕·马斯洛先生所说的人生之最高追求，也就是弗洛伊德所谓的“超我”——超越本我和自我、抵达生命的最高境界）。于是引出了这篇文章的标题——志存高远。

到这里，你或许明白了梁启超、毛泽东和周恩来这些伟大人物之所以伟大的原因了——他们都志存高远。

亚伯拉罕·马斯洛为我指明了生命的方向，但让我笃信又幸福地走上这条“自我实现，超越本我和自我”之光明大道的却是我们的老祖宗：春秋战国时期的孔子、曾子、子思和孟子；宋朝的范仲淹、周敦颐、程颢、程颐、张载、邵雍、朱熹和陆九渊；明清时期的陈白沙、王阳明、顾炎武和曾国藩；甚至梁启超、梁漱溟先生都曾给过我巨大的力量。当然，除了这些儒家思想之外，老子和庄子的道家思想也给过我很多智慧。

我如饥似渴地翻阅着以上先贤的智慧，发现他们无不用巨大的篇幅讲立志，我摘抄一些供朋友们参考，希望能点燃有缘的朋友，更希望能点燃清澈的少年。

《大学》中的“大学之道，在明明德，在亲民，在止于至善”，不正是孔子所说的“志于道，据于德，依于仁，游于艺”的另一种表达吗？

阳明先生所说的“圣人之道，吾性自足”，不正是孔子所说的“仁远乎哉，我欲仁，斯仁至矣”吗？

顾炎武说的“天下兴亡，匹夫有责”，不正是对曾子“士不可以不弘毅，任重而道远”的解释吗？

孟子说的“先立乎其大者，则其小者不能夺也”，不正是给今天爱玩游戏的少年们开了一副解药吗？为什么这么说呢？因为，孩子们未立乎其大，就被小者（游戏）所夺，所以，我对孟子的话稍加备注，送给为孩子玩游戏而伤透脑筋的父母们：“先立乎其大者（高远志向），则其小者（游戏）不能夺也。”

程颐说：“言学便以道为志，言人便以圣为志。”他的学生谢良佐说：“人先须立志，立志则有根本。譬如树木，须先有个根本，然后培养能成合抱之木。”这是何等的一脉相传啊。

儒家集大成者朱熹说：“书不记，熟读可记；义不精，细思可精。惟有志不立，直是无着力处。只如而今贪利禄而不贪道义，要作贵人而不要作好人，皆是志不立之病。”他的辩友陆象山说：“宇宙便是吾心，吾心即是宇宙。”陆象山还说：“宇宙内事乃己分内事，己分内事乃宇宙内事。”[①]这是何等高远的生命气象啊。

陈白沙先生写过著名的《禽兽说》，更是痛彻心扉：“人具七尺之躯，除了此心此理，便无可贵。浑是一包浓血裹一大块骨头。饥能食，渴能饮，能着衣服，能行淫欲。贫贱而思富贵，富贵而贪权势，忿而争，忧而悲，穷则滥，乐则淫。凡百所为，一信气血，老死而后已，则命之曰‘禽兽’可也。”这让我想到了臧克家先生的那句名言：“有的

① 参考《陆九渊集》卷三十六《年谱》，陆九渊著，中华书局 1980 年版。

人活着，他已经死了；有的人死了，他还活着。”陈白沙先生和臧克家先生都用各自的文字解释了中国的一个成语——行尸走肉。

谈到立志，绝对绕不开立功立德立言的“三不朽”先生——王阳明，他对学生提出了著名的四事规——“立志、勤学、改过、责善”，本书第三章“习”的三节标题就是依此而展开的。

此外，阳明先生还说出了很多让我茅塞顿开、使我常常涵养于其中的立志名言，我摘抄如下，供有缘的读者朋友们反复诵读。

“志于道德者，功名不足以累其心；志于功名者，富贵不足以累其心。”——可惜的是，今人大多志于富贵，只要能赚钱，无所不用其极。

“立志者，为学之心也；为学者，立志之事也。”——生命的关键就是立志。

“自古及今，有志而无成者则有之，未有无志而能有成者也。”

“持志如心痛，一心在痛上，岂有功夫说闲话，管闲事？”——很多孩子学习不认真却爱管闲事，就像我的父亲在我小时候常批评我的那句话“一会捉蜻蜓，一会捉蝴蝶”，如今想想，皆是未立志向所致啊。

“志不立，则天下无可成之事，虽百工技艺，未有不本于志者；今学者旷废隳惰，玩岁愒时，而百无所成，皆由于志之未立耳。故立志而圣，则圣矣；立志而贤，则贤矣。志不立，如无舵之舟，无衔之马，漂荡奔逸……”

梁启超先生平生最敬佩的人就是曾国藩，他尤其敬佩曾国藩那句立志名言：“不为圣贤，便为禽兽。”我想，梁先生早已心向圣贤，如果没有高远的圣贤之志，又怎能写出《少年中国说》这样的旷世鸿文呢？

今天的很多人谈到立志一般都会想到立志赚钱，立志把事业做好，这无可厚非，在如今的市场环境里，这是应该被鼓励的，但人们往往忽略了人生的根本——生命。

与生命相比，赚钱做事业、享受生活都是枝叶；生命是根，志存高远就是从生命层面来说的。生命之根不牢固，生活和事业的枝叶能长久茂盛吗？所以，我认为人应该要立三个志向：第一，立生命之志，做一个干净的人（即，做一个有人格的人），做一个光明磊落的人，做一个志向高远的人；第二，立生活之志，组建一个和谐的家，家不仅仅是房子，不仅仅是摆放电器和吃喝住用行的场所，家要和谐，家和万事兴是亘古不变的道理，任何时候，都请不要怀疑；第三，立事业之志，作为老板，要立志让员工在公司更有成就感，让客户从产品和服务中受益，让公司更强大，让股东得到更好的回报，甚至要想方设法让行业更健康地发展下去。

上面所说的三个志向都是人生之根——生命之志是主根，生活之志和事业之志是副根，有主根的人必定有两个副根。而现实生活中，很多人只有一株副根，或拼命赚钱做事业而不顾家庭，或安于平淡过日子而懈怠工作，这都是不平衡的人生。事实上，不立主根的人很少能将此二者平衡起来。所以，我才如此强调志存高远——以生命之志统御生活之志和事业之志；放眼望去，没有生命之志的人，其生活之志只是“盲目地购买”，其事业之志只是“茫然地赚钱”。

人的世界由精神和物质构成，立生命之志就是立精神，立生活之志和工作之志就是立物质。物质未必决定精神：为富不仁者，有之；不受嗟来之食者，有之。精神必然决定物质：夫仁者，己欲立而立人，己欲达而达人。

没有生命之志的人，看书也只是增加一些吹牛的台词罢了。没有生命之志的人，旅游也只是拍了一些相片，发了一些朋友圈，增加一些可以用来炫耀的图片和视频而已：我在纽约、东京、伦敦、巴黎……我很高大上……

唯有立志存高远的生命之志，才不枉此生，且无关乎世俗标准的成功与失败。

前面谈到了让孩子志向高远的方法就是亲近圣贤，读圣贤书。很多家长自然想到了国学，但如今市面上很多所谓的国学老师都可谓道貌岸然、形式主义：要么穿个汉服道袍之类，要么挂个佛珠手链之类；他们大多从《弟子规》《三字经》之类的国学课本入手，把古文翻译给孩子们听，充当着活百度和复读机的角色。事实上，这些教学方法都是枝叶教学法，很难触及根本。更让人气愤的是，国学在今天的很多课堂中，已然成为赚钱的机器和吹牛的凭借，三尺讲台上的老师和教授们，又有多少人“志于道”呢？

就像栽树一样，栽树先挖坑，挖坑为培根，培养孩子不也正是这个道理吗？我不主张孩子从小就钻进国学的枯燥文字中，更不主张摇头晃脑地读经，但我主张用国学立根，立生命气象，立高远志向。当孩子立此根本之后，就要鼓励孩子博览群书，古今中外的地理、历史、科学、文学等等，无所不读，让枝叶长到九天之外。“根本”就是孩子的GPS（全球定位系统）和北斗卫星导航系统：有了“根本”，孩子就不会误入歧途，有“根本”的孩子就算打游戏、看电视，也不会差；没“根本”的孩子就算成绩优秀，听话乖巧，也是平庸之辈。

谈到圣贤书，《大学》是我首推之文，此文最能开阔孩子的生命气象，能帮助孩子立下高远的志向。尤其是其开篇的215个字，我摘录在此，希望有正气的少年们常读常新。相信某一天你会茅塞顿开，那种生命的喜悦将是无与伦比的。

大学之道，在明明德，在亲民，在止于至善。知止而后有定，定而后能静，静而后能安，安而后能虑，虑而后能得。物有本末，事有终始，知所先后，则近道矣。

古之欲明明德于天下者，先治其国；欲治其国者，先齐其家；欲齐其家者，先修其身；欲修其身者，先正其心；欲正其心者，先诚其意；欲诚其意者，先致其知。致知在格物，物格而后知至，知至而后意诚，意诚而后心正，心正而后身修，身修而后家齐，家齐而后国治，国治而后天下平。

自天子以至于庶人，壹是皆以修身为本，其本乱而末治者，否矣；其所厚者薄，而其所薄者厚，未之有也。……此谓知本，此谓知之至也。

我的孩子在三四岁的时候就会背这段文字，虽然不懂，但我们可以交流。有次喊他吃饭的时候，他正欲罢不能地看动画片，我就和他说这段文字里的一句话“知所先后，则近道矣”，然后再问他“看电视和吃饭哪个先哪个后”，孩子自知理亏，更能明白我的意思，很快就关电视，沟通起来很愉快。

如果要再推荐一本圣贤经典，那当然是《论语》。《论语》永远是那么通俗易懂，亲切亲民，小学生能读得不亦乐乎；《论语》又永远是那么仰之弥高，钻之弥坚，博士生也读得扑朔迷离。

下面我将《论语》《孟子》中关于“志”的文字摘抄如下，供有缘的正气少年和父母们反复诵读，期待某日能立其大本。[①]

子曰：“志于道，据于德，依于仁，游于艺。”

子曰：“士志于道，而耻恶衣恶食者，未足与议也。”

子曰：“苟志于仁矣，无恶也。”

颜渊、季路侍。子曰：“盍各言尔志。”子路曰：“愿车马衣轻裘，与朋友共，敝之而无憾。”颜渊曰：“愿无伐善，无施劳。”子路曰：“愿闻子之志。”子曰：“老者安之，朋友信之，少者怀之。”

子曰：“三军可夺帅也，匹夫不可夺志也。”

子夏曰：“博学而笃志，切问而近思，仁在其中矣。”

孟子曰：“不得于心，勿求于气，可；不得于言，勿求于心，不可。夫志，气之帅也；气，体之充也。夫志至焉，气次焉，故曰：持其志，无暴其气。”

孟子曰：“志壹则动气，气壹则动志也。今夫蹶者、趋

① 全书摘录“四书”（《论语》《孟子》《大学》《中庸》）的句子内容主要引自《四书章句集注（全二册）》，[宋]朱熹撰，金良年译，上海古籍出版社2006年版。

者，是气也，而反动其心。”

孟子曰：“居天下之广居，立天下之正位，行天下之大道；得志与民由之，不得志独行其道。富贵不能淫，贫贱不能移，威武不能屈，此之谓大丈夫。”

孟子曰：“今之欲王者，犹七年之病求三年之艾也。苟为不畜，终身不得。苟不志于仁，终身忧辱，以陷于死亡。”

孟子曰：“君子之事君也，务引其君以当道，志于仁而已。”

孟子曰：“今之事君者皆曰：‘我能为君辟土地，充府库。’今之所谓良臣，古之所谓民贼也。君不乡道，不志于仁，而求富之，是富桀也。‘我能为君约与国，战必克。’今之所谓良臣，古之所谓民贼也。君不乡道，不志于仁，而求为之强战，是辅桀也。由今之道，无变今之俗，虽与之天下，不能一朝居也。”

孟子曰：“尊德乐义，则可以嚣嚣矣。故士穷不失义，达不离道。穷不失义，故士得己焉；达不离道，故民不失望焉。古之人，得志，泽加于民；不得志，修身见于世。穷则独善其身，达则兼善天下。”

孟子曰：“孔子登东山而小鲁，登泰山而小天下。故观于海者难为水，游于圣人之门者难为言。观水有术，必观其澜。日月有明，容光必照焉。流水之为物也，不盈科不行；君子之志于道也，不成章不达。”

孟子曰：“有伊尹之志，则可；无伊尹之志，则篡也。”

王子垫问曰：“士何事？”孟子曰：“尚志。”曰：“何谓尚志？”曰：“仁义而已矣。杀一无罪，非仁也；非其有而取之，非义也。居恶在？仁是也。路恶在？义是也。居仁由义，大人之事备矣。”

孟子曰：“说大人，则藐之，勿视其巍巍然。堂高数仞，榱题数尺，我得志，弗为也；食前方丈，侍妾数百人，我得志，弗为也；般乐饮酒，驱骋田猎，后车千乘，我得志，弗为也。在彼者，皆我所不为也；在我者，皆古之制也。吾何畏彼哉？”

所以，要改掉抱怨的脾气和恶习，其根本之道在于志存高远。一个志存高远的人，哪有时间关注那些鸡毛蒜皮的事情呢？相反，如果一个人每天都关注那些鸡毛蒜皮的事，又怎能志存高远呢？同样，欲练就光明的人格，也非要志存高远不可。光明者，篡位亦是光明；阴暗者，学道亦是阴暗。

第二节　君子不器

“君子不器”是《论语》中的一个观点，可以从两个方面来理解：其一，君子在能力上应该是多才多艺的；其二，君子在态度上应该是不僵化的。本节我先详细阐述君子不器之“不僵化”。

总的来说，无知、自我、目标、麻木是致人僵化的四个原因，分别阐述如下。

第一，无知导致僵化。很多父母在教育孩子时，总是说我当年怎样怎样，又说爷爷当年是怎样教育我的，棍棒底下出孝子，到现在爷爷还可以打我。这就是无知导致的僵化，也是转型期中国教育的矛盾之所在。

很多人将《弟子规》《三字经》奉为经典，这当然是两本好书，但里面的很多具体做法也要辩证地看待，毕竟现代社会与古代差别太大，孝悌的形式也在变化，否则就是抱残守缺。就算学习儒家最基础的经典《论语》时，也要理解其中的历史情境，否则就是刻舟求剑。比方说，《论语》中有“父母在，不远游”的教导，为何有此一说？当时交通和通信方式都很落后，儿子要是远行，父母生病时就没人服侍。而现在，电话、微信、高铁、飞机都能实现“千里江陵一日还”，所以“父母在，不远游”的教诲，其形式是可以变化的，但其本质——孝——是永远不变的。

所以，在学习国学经典时，要学会透过现象看本质、抓住本质，否则就容易做出僵化的蠢事。这种由无知导致的僵化，最终还会形成自我固执的人格特质与思想。所以说，世界上最坚硬的是钻石，比钻石更坚硬的是僵化的思想。

第二，自我导致僵化。自我无处不在，如影随形，人们每天都无数次地说“我怎样怎样……我要你怎样怎样……我希望怎样怎样……”，这就是“自我”这个“小我”在作怪，所以，自我者必固执，固执者必僵化。或许也只有孔子才能做到不自我、不固执、不僵化吧，正如《论语》所说：“子绝四：毋意，毋必，毋固，毋我。”

第三，目标导致僵化。目标的概念是西方人提出的，它是近代管理学的重要概念，目标管理极大地推动了物质文明的发展，也让横流的物欲插上了飞翔的翅膀。普通人都有懒惰懈怠的一面，所以，必须要用目标加以绑定和控制，但绑着绑着人就僵化了。以商业为例，人们动辄要把企业做到十亿百亿或上市，却忘了做企业的初心——让人类因为企业的产品与服务更健康、更有尊严、更幸福。以读书为例，人们动辄以考名校读博士为目标，却忘了学习的初心——完善人格、丰富能力、奉献社会，也就是儒家所说的“修身齐家治国平天下”。所以说，眼里只有目标却忘掉初心的人，就是僵化的人。

第四，麻木导致僵化。麻木者定不仁，不仁者定麻木，麻木的肉就好比是一块死肉，麻木的人就好比是死人——有的人活着，他已经死了。在这里，我要对父母们说，要想破除麻木的心，请向你的孩子学习，孩子的心往往是玲珑剔透的，尤其是两三岁的孩子，他们有着一颗活泼的、清澈的、生机勃勃的心。但很遗憾，父母以爱的名义将这颗美好的心湮灭了。所以，对父母而言，如果你有智慧，请照亮你的孩子，照亮孩子的心；如果你没有智慧，请保护你的孩子，让他的心不被污染。

第二章 学

第一节　博之以文

少年的天职就是玩和学。就学来说，我认同子夏的观点——“博学而笃志”，这句话可以做两重理解：其一，博学之后才知道志向；其二，有了志向后才会博学。无论怎样理解，博学与笃志都是分不开的。我的观点是先培根，也就是先“志存高远”，再“博之以文”；否则，就算读破万卷书，也只是个活百度和四角书橱，除了说几句别人听不懂的话来找点存在感，我看不出其生命有什么意义。

所以，我提倡用“修身齐家治国平天下”的儒家文化巩固孩子的根本；有了根本，就像树有了根，风筝有了线，这样即便孩子出国留学，也自然懂得落叶归根。但遗憾的是，很多父母努力赚钱把孩子送到国外，却造就了两种局面：第一，成功地培养了一个异国他乡的二三等公民；第二，成功地让自己和孩子天各一方。虽说当今是全球化时代，但这样的现象真的正常吗？答案值得深思。

人们常说“开卷有益”，但不知道这句话是专门针对有根之人而言的；对无根之人，无所谓有益与无益。

我不知道我的孩子未来是否能成为所谓的成功人物，我也没有挖空心思要送他们去什么顶级学校学习，我只希望他们能健康地成长，有根地成长，正气地成长。我常对孩子说："爸爸希望你勤阅读、弹钢琴、习绘画、练毛笔字、学唱歌、多运动等等。如果你实在不喜欢，我都能理解，甚至能接受你的大多数不喜欢。但有两个选项，我是不和你谈判的：一是阅读，二是运动。前者增强你的思想，后者强壮你的身体。如果再缩小范围，二选一，我建议你选择阅读。"

从中可见我对阅读的重视，而阅读就是博之以文。我先让孩子用儒家培根固本，再鼓励他们疯狂阅读，是书都看，甚至是野蛮生长。有根，不怕，有根，才能谈"博之以文"，怎么博都无所谓；无根，再博也无所谓。

《论语》中有几句与"学"有关的语录，我分享如下，请读者朋友们反复诵读。

子贡问曰："孔文子何以谓之'文'也？"子曰："敏而好学，不耻下问，是以谓之'文'也。"

子曰："质胜文则野，文胜质则史。文质彬彬，然后君子。"

子以四教：文，行，忠，信。

棘子成曰："君子质而已矣，何以文为？"子贡曰："惜乎，夫子之说君子也，驷不及舌。文犹质也，质犹文也。虎豹之鞟犹犬羊之鞟。"

曾子曰："君子以文会友，以友辅仁。"

第二节　约之以礼

人与人之间要以礼相待，这个"礼"绝不是所谓的商务礼仪套路，而是发自真心的对人的尊重，对其视听言动的尊重、时间上的尊重、习惯上的尊重、信仰上的尊重（包括无信仰的尊重）、生活习惯上的尊重，更重要的是对人格的尊重。它涉及工作和生活的方方面面，所以《论语》称"不知礼，无以立也"，说的就是这个道理。

世界上没有无缘无故的爱，也没有无缘无故的恨。中国的孝悌文化讲"父慈子孝，兄友弟恭"，君臣之间讲"君使臣以礼，臣事君以忠"，夫妻之间讲"相敬如宾"。但是，在西风东进的今天，在媒体呼吁西方的自由和平等的当下，中国的孩子们已经被他们呼吁得没大没小、无法无天，甚至爬到父母、爷爷奶奶的头上去了。

我认为，男人本应像山，女人本应似水。可如今，男人在嗲声嗲气明星的影响下，早已缺乏山的阳刚；女人很多情况下似乎也早已缺乏水的灵秀；孩子们变得男不男女不女，阴不阴阳不阳，成何“礼”统。更可怕的是，过去的男耕女织被彻底打破后，男女都变得更强势，遇到矛盾时，夫妻双方互不相让；夫妻双方都要证明自己的价值，于是，各自投入所谓的事业，家庭成了旅馆，孩子成了路人，保姆比父母还亲；家庭问题层出不穷，离婚更是家常便饭。殊不知，这都是礼的缺失所致啊。

活着，就有问题；有问题，就要解决。解决问题从我做起，我是一切的根源：家庭的问题，公司的问题，都是我的问题。解决方案是从“礼”做起，对员工、爱人、孩子、父母、兄弟和朋友，都要做到发乎真心地“以礼相待，以和为贵”。

“礼”是文明的另一种表述，中国的物质文明高速发展，而精神文明却相对滞后，我忧心忡忡地写下下面的文字，希望能唤醒正气少年和父母们采取切实有效的行动来对抗如下的“无礼”。

我站在红绿灯口，看到前方一个60岁左右的农民模样的老人横穿马路，混迹在车流中，我叹息道：“哎，他或许是文盲吧，或许真的不知道‘红灯停绿灯行’的规则，等到下一代或许就会好一些。”还没回过神，我的左边，一个、两个、三个……20多岁打扮时髦的年轻人“嗖嗖嗖”地闯着红灯，扬长而去……哎，真是“乌合之众”啊，真是“羊群效应”啊。一阵悲凉涌上心头。突然，我的右边，一对30岁模样的男女并排骑着电瓶车载着孩子，在聊天中视红灯如无物，估计他们是接孩子放学回家吧。我只能又是一声哀叹：“可怜又可恨的人啊，就算你不爱惜自己的生命，也要爱惜你的孩子吧！”

每当我看到任凭狗在路边随意拉大便的遛狗市民时，我都会想，遛狗不光遛，还要讲究公共卫生。

每当我看到那些麻木的市民将散发着腐臭味的垃圾放在自家门口（污染隔壁邻居）、楼道口（污染一层楼），致使整个环境臭气熏天时，我都会想，他们的心或许也是这样的味道吧。

随地吐痰、乱扔包装盒、乱丢烟蒂、大声喧哗、随意停车、涂鸦刻画、开车压线、随意变道、按着不必要的大喇叭、开着不必要的远光灯……这些都是邪气，我还能列出长长的邪气清单，在这个劣迹斑斑的邪气清单上，你又占据几个呢？

此刻，我问自己，正气之“礼”在何方呢？中国的文明从哪里拯救呢？能指望这些麻木的“大人”们有朝一日会自动苏醒吗？对此，我没有信心。

当然，怨天尤人也是邪气，采取行动才是正气。我决定从孩子抓起，虽然孩子们纯美的心灵已被“大人”们污染，但相对而言，改变起来还是有可能的。所以，我希望《少年正气说——演讲口才》能影响并激发孩子们心中的正气，让他们成为真正的正气少年，再通过他们去影响那些麻木又固执的“大人”们。这正是我写这本书的初心。

《论语》《孟子》中有很多与“礼”有关的语录，我分享如下，请正气少年和父母们反复诵读。

有子曰：“礼之用，和为贵。先王之道，斯为美，小大由之，有所不行。知和而和，不以礼节之，亦不可行也。”

有子曰：“信近于义，言可复也。恭近于礼，远耻辱也。”

子贡曰：“贫而无谄，富而无骄，何如？”子曰：“可也。未若贫而乐，富而好礼者也。”

子曰：“道之以政，齐之以刑，民免而无耻。道之以德，齐之以礼，有耻且格。”

子曰：“人而不仁，如礼何？人而不仁，如乐何？”

林放问礼之本。子曰：“大哉问！礼，与其奢也，宁俭；丧，与其易也，宁戚。”

子夏问曰：“‘巧笑倩兮，美目盼兮，素以为绚兮’，何谓也？”子曰：“绘事后素。”曰：“礼后乎？”子曰：

“起予者商也，始可与言《诗》已矣。”

子入太庙，每事问。或曰：“孰谓鄹人之子知礼乎？入太庙，每事问。”子闻之，曰：“是礼也。”

子贡欲去告朔之饩羊。子曰：“赐也！尔爱其羊，我爱其礼。”

子曰：“事君尽礼，人以为谄也。”

定公问：“君使臣，臣事君，如之何？”孔子对曰：“君使臣以礼，臣事君以忠。”

子曰：“居上不宽，为礼不敬，临丧不哀，吾何以观之哉？”

子曰：“能以礼让为国乎？何有？不能以礼让为国，如礼何？”

子曰：“君子博学于文，约之以礼，亦可以弗畔矣夫！”

子曰：“恭而无礼则劳，慎而无礼则葸，勇而无礼则乱，直而无礼则绞。君子笃于亲，则民兴于仁；故旧不遗，则民不偷。”

子曰：“兴于《诗》，立于礼，成于乐。”

子曰：“麻冕，礼也；今也纯，俭，吾从众。拜下，礼也；今拜乎上，泰也。虽违众，吾从下。”

子曰：“先进于礼乐，野人也；后进于礼乐，君子也。

如用之，则吾从先进。”

颜渊问仁。子曰：“克己复礼为仁。一日克己复礼，天下归仁焉。为仁由己，而由人乎哉？”颜渊曰：“请问其目？”子曰：“非礼勿视，非礼勿听，非礼勿言，非礼勿动。”颜渊曰：“回虽不敏，请事斯语矣。”

子曰：“上好礼，则民易使也。”

子曰：“君子义以为质，礼以行之，孙以出之，信以成之。君子哉！”

子曰：“知及之，仁不能守之，虽得之，必失之。知及之，仁能守之，不庄以莅之，则民不敬。知及之，仁能守之，庄以莅之，动之不以礼，未善也。”

子曰：“礼云礼云，玉帛云乎哉？乐云乐云，钟鼓云乎哉？”

孔子曰：“不知命，无以为君子也；不知礼，无以立也；不知言，无以知人也。”

孟子曰：“上无礼，下无学，贼民兴，丧无日矣。”

孟子曰：“嫂溺不援，是豺狼也。男女授受不亲，礼也；嫂溺，援之以手者，权也。”

孟子曰：“非礼之礼，非义之义，大人弗为。”

孟子曰：“君子所以异于人者，以其存心也。君子以仁存心，以礼存心。仁者爱人，有礼者敬人。爱人者，人恒爱之；敬人者，人恒敬之。有人于此，其待我以横逆，则君子必自反也：我必不仁也，必无礼也，此物奚宜至哉！其自反而仁矣，自反而有礼矣，其横逆由是也，君子必自反也：我必不忠。自反而忠矣，其横逆由是也，君子曰：'此亦妄人也已矣！如此则与禽兽奚择哉！于禽兽又何难焉！'是故，君子有终身之忧，无一朝之患也。"

孟子曰："夫义，路也；礼，门也。惟君子能由是路，出入是门也。《诗》云：'周道如砥，其直如矢；君子所履，小人所视。'"

孟子曰："恻隐之心，人皆有之；羞恶之心，人皆有之；恭敬之心，人皆有之；是非之心，人皆有之。恻隐之心，仁也；羞恶之心，义也；恭敬之心，礼也；是非之心，智也。仁义礼智，非由外铄我也，我固有之也，弗思耳矣。故曰：'求则得之，舍则失之。'或相倍蓰而无算者，不能尽其才者也。"

孟子曰："爱人不亲，反其仁；治人不治，反其智；礼人不答，反其敬。行有不得者皆反求诸己，其身正而天下归之。《诗》云：'永言配命，自求多福。'"

第三章　习

第一节　学而不厌

子曰："默而识之，学而不厌，诲人不倦，何有于我哉？"按照孔子的说法，他除了这三点就没啥值得说道了。这虽然是孔子的谦虚之说，但好学确实是孔子之所以伟大的最重要原因。孔子还说过："十室之邑，必有忠信如丘者焉，不如丘之好学也。"意思是："只有十户人家居住的小地方，也一定会有忠心与诚信和我一样的人，只不过没有像我一样爱学习罢了。"他老人家还说过："发愤忘食，乐以忘忧，不知老之将至云尔。"意思是："发愤学习得连吃饭都忘了，快乐高兴得把一切忧虑都忘了，连自己快要老了都不知道，如此而已。"

如何做到学而不厌呢？第一，学自己擅长的；第二，学自己感兴趣的；第三，学有用的。找到自己擅长的和感兴趣的需要运气和智慧，很多人一辈子都没找到自己擅长的，不必抱怨，那就学点有用的吧，虽然这是功利性的学习，但也会日久生情。最幸福的学习是将擅长的、感兴趣的、有用的融为一体。

说到“学”，一定要说“习”，学和习是同一枚硬币的两面，所以《论语》开篇的第一句话就是“学而时习之”——学了之后要时时温习和实践。

“习”对中国青少年来说显得相当缺失，这既有社会环境的原因，也有学校教育的原因，更有家庭教育的原因。以玩玩具为例，我小时候，大约在1985年，也特别爱玩，所有的玩具都是自己做的：用泥巴做，再烘干，将钢筋用火烧红，再到冷水中淬炼，以增加其硬度，还要配合锤子和老虎钳等工具才能完成。现在想想，我当时哪里来的力气呢？因为资源缺乏，一个玩具我会玩很久，也很爱惜；而在物资极大丰富的今天，孩子们的玩具太多了，对玩具既缺乏感情（见异思迁、喜新厌旧），更缺乏爱心（随便乱扔、乱摔，弄得家里全是玩具），有些家长还会将孩子送到儿童玩具培训机构学习，以增强其动手能力。几天后，孩子们兴奋地带着自己的“作品”回家，但这些所谓的“作品”大多数都是模块的粘合，基本上是自欺欺人。虽然“作品”的复杂程度比我们小时候的要多得多，但其动手的部分——“习”的部分，并不多，都是模块的粘合。

如果说上面的文字是写给少年们的，那么下面的这段文字，我希望写给家长们看看。中国有句古话叫“活到老，学到老”，今天似乎要在这句话后面再加一句“只有学到老，才能活到老”。但如今的家长们，无论是否大学毕业，又有几人坚持学习呢？最多看看手机信息获取知识吧。我并不认为每天看手机信息和新闻是真正的学习，那只是一种打发时间的消遣行为。因为，如果不看手机，他们就不知道如何把众多的碎片时间消磨掉；看手机、打游戏是众多父母们在空闲时的存在方式，哀哉！这样的父母又怎能做孩子的导师呢？

西方人也倡导终身学习，犹太人平均每年读几十本书，中国人则是寥寥数本，这就是差距；事实上，通过看一个人读什么书，就知道他的层次。职场中有一个说法：个体户爱看报纸，小老板爱看营销方面的书，中老板爱看管理和用人方面的书，大老板爱看哲学方面的书。

《论语》中有很多与“学”有关的语录，我分享如下，请正气少年和父母们反复诵读。

子曰：“学而时习之，不亦说乎？有朋自远方来，不亦乐乎？人不知而不愠，不亦君子乎？”

子曰：“弟子入则孝，出则弟，谨而信，泛爱众，而亲仁。行有余力，则以学文。”

子夏曰：“贤贤易色；事父母，能竭其力；事君，能致其身；与朋友交，言而有信。虽曰未学，吾必谓之学矣。”

子曰：“君子食无求饱，居无求安，敏于事而慎于言，就有道而正焉，可谓好学也已。”

子曰：“学而不思则罔，思而不学则殆。”

鲁哀公问：“弟子孰为好学？”孔子对曰：“有颜回者好学，不迁怒，不贰过。不幸短命死矣。今也则亡，未闻好学者也。”

子曰：“加我数年，五十以学《易》，可以无大过矣。”

子曰：“三年学，不至于谷，不易得也。”

子曰：“学如不及，犹恐失之。”

子曰：“可与共学，未可与适道；可与适道，未可与立；可与立，未可与权。”

樊迟请学稼。子曰：“吾不如老农。”请学为圃。曰：“吾不如老圃。”

卫灵公问陈于孔子。孔子对曰：“俎豆之事，则尝闻之矣；军旅之事，未之学也。”明日遂行。

子曰：“古之学者为己，今之学者为人。”

子曰：“莫我知也夫！”子贡曰：“何为其莫知子也？”子曰：“不怨天，不尤人，下学而上达。知我者其天乎！”

子曰："赐也，女以予为多学而识之者与？"对曰："然，非与？"曰："非也，予一以贯之。"

子曰："吾尝终日不食，终夜不寝，以思，无益，不如学也。"

子曰："君子谋道不谋食。耕也，馁在其中矣；学也，禄在其中矣。君子忧道不忧贫。"

孔子曰："生而知之者，上也；学而知之者，次也；困而学之，又其次也；困而不学，民斯为下矣。"

子之武城，闻弦歌之声。夫子莞尔而笑曰："割鸡焉用牛刀？"子游对曰："昔者偃也闻诸夫子曰：'君子学道则爱人，小人学道则易使也。'"子曰："二三子！偃之言是也。前言戏之耳。"

子曰："由也，女闻六言六蔽矣乎？"对曰："未也。""居，吾语女。好仁不好学，其蔽也愚；好知不好学，其蔽也荡；好信不好学，其蔽也贼；好直不好学，其蔽也绞；好勇不好学，其蔽也乱；好刚不好学，其蔽也狂。"

子夏曰："日知其所亡，月无忘其所能，可谓好学也已矣。"

子夏曰："百工居肆以成其事，君子学以致其道。"

子夏曰："仕而优则学，学而优则仕。"

卫公孙朝问于子贡曰："仲尼焉学？"子贡曰："文武

之道，未坠于地，在人。贤者识其大者，不贤者识其小者，莫不有文武之道焉，夫子焉不学，而亦何常师之有？”

以上穿越两三千年的文字大概告诉我们如下道理：

第一，学、思、习是相辅相成的。

第二，能学到不乱发脾气，不重犯错误，才是真正的好学。

第三，对于爱学习的人来说，《周易》是人生中一座必须要攀登的高峰，学好《周易》，人生就不会犯大错了。《周易》开篇的两句话“天行健，君子以自强不息；地势坤，君子以厚德载物”基本上构成了中华民族的人格特质和民族精神，一直支撑着中国的上下五千年。

第四，十年寒窗真不易，在如今这个快餐式学习的时代，还有谁能潜心学三年呢？

第五，学习最重要的是为内在而学，而不是为外在而学；学好内在，外在自然会学好。

第六，生而知之的人毕竟很少，每个人都是通过学习来获得知识，孔子也不例外。但学习一定要有老师，正所谓“三人行必有我师焉”；不过学习不一定要有固定的老师，正所谓“夫子焉不学，而亦何常师之有？”

第七，好学者，六德变六福，否则六德变六害。

第八，对每天的所学要复习，对每月的所学要总结，是为成功的学习之道。

第二节 改过责善

改过责善是明朝大儒王阳明先生“四事规——立志、勤学、改过、责善”里的重要内容，立志就是前文所说的“志存高远”，勤学就是前文所说的“学而不厌”。本节我们来探讨改过与责善的话题。

先谈改过。人非圣贤，孰能无过？过而能改，善莫大焉。要改过，首先得要知过——知善知恶，知是知非。阳明先生说“知善知恶是良知”，但今人的良知已被物欲蒙蔽了，所以，知“是非善恶”对于今人来说非常难。事实上，人们总是自我又固执地认贼作父，悲哀啊！

如今网上流传着很多似是而非的段子和金句，真是害死人。就拿孩子的学习来说，有句话叫“不要让孩子输在起跑线上”，这就是一句似是而非的话。就才艺和功利方面来说，这句话或许有点道理，但在生命层面则完全站不住脚。佛家说：“放下屠刀，立地成佛。”一念悟，则生命光明；一念迷，则生命阴暗。孔子也说：“我欲仁，斯仁至矣。”可见在生命层面，无所谓输在起跑线上一说。

即便在才艺和功利方面，我认为孩子能否获得成功也由很多因素（先天的素质、祖上的积累、个人的运气、后天的学习等等）决定，这些因素共同作用于人生的成败，而非一股脑地把孩子按在起跑线上，加油，加油，加油……

知过之后，就要改过。但是，如果错误的事情已经过去，甚至对方完全被蒙在鼓里，并不知道自己遭受的伤害，我们是装傻呢，还是补过呢？我想，对于追求高品质生命的人来说，肯定是要补过的，至少要补一个真诚的道歉。

我常说，有过不改就会引发破窗效应，破窗就是有缝的鸡蛋，所有的病菌都会从这个小缝隙进入鸡蛋，导致鸡蛋彻底变坏。一个小错误往往会导致纵向与横向的错误同时到来，比方说，酗酒就容易导致斗殴、淫乱、吸毒和赌博，所以，及时改正错误对人的成长非常重要，船到江心补漏迟啊。

错误与冲突往往发生在两个人之间，谁先认错呢？父子之间谁先认错？夫妻之间谁先认错？兄弟朋友之间谁先认错？员工领导之间谁先认错？谁都有不认错的理由——面子、身份、真理、实力。我认为两种人该先认错：其一，强者；其二，觉者。当然觉者也就是强者，其中道理，读者朋友自行参悟。所以，如果你认为你是强者和觉者，就请先抛出认错的橄榄枝吧，你不但不会丢掉面子，还会赢得别人的尊重，甚至还能收获无穷的愉悦。

《论语》《孟子》中有很多与“过”有关的语录，我分享如下，请正气少年和父母们反复诵读。

子曰：“君子不重，则不威，学则不固。主忠信。无友不如己者，过则勿惮改。”

子曰：“人之过也，各于其党。观过，斯知仁矣。”

子曰：“已矣乎，吾未见能见其过而内自讼者也。”

子曰：“丘也幸，苟有过，人必知之。”

仲弓为季氏宰。问政。子曰：“先有司，赦小过，举贤才。”

蘧伯玉使人于孔子，孔子与之坐而问焉，曰：“夫子何为？”对曰：“夫子欲寡其过而未能也。”

子曰：“过而不改，是谓过矣。”

子夏曰：“小人之过也，必文。”

子贡曰：“君子之过也，如日月之食焉：过也，人皆见之；更也，人皆仰之。”

孟子曰：“古之君子，过则改之；今之君子，过则顺之。古之君子，其过也，如日月之食，民皆见之；及其更也，民皆仰之。今之君子，岂徒顺之，又从为之辞。”

孟子曰：“君有大过则谏，反覆之而不听，则易位。”

孟子曰：“君有过则谏，反覆之而不听，则去。”

孟子曰："亲之过大而不怨，是愈疏也。亲之过小而怨，是不可矶也。愈疏，不孝也；不可矶，亦不孝也。"

以上穿越两三千年的文字大概告诉我们如下道理：

第一，不要怕改过，但改过却是很难的事情，能做到同样的过错不犯两次的人，更是少之又少。

第二，通过一个人的过错，往往就能知道他是一个什么样的人。

第三，能够被人指出错误是很幸运的，我们要心存感激，而不是满怀怨恨。

第四，做一件事情用力过猛和不用力都是不对的，也算是犯过了。

第五，领导者要能原谅别人的小过，别抓住鸡毛蒜皮的小事不放，而失去宏观。就过错而言，对自己要严格，对别人要宽容。

第六，说得多做得少也是过错，文过饰非是小人的行为，有过错不改才是真正的过错。

接下来谈一谈责善，责是求的意思，责善就是求善。事实上，改过的行为本身就是责善，但责善有其更深的内涵，责善会引发蝴蝶效应。当人们动恻隐之心、恭敬之心、辞让之心、是非之心并将其付诸行动时，就是一只挥动美丽翅膀的蝴蝶；如果能持续挥动、大幅度挥动，则必能引发成片的美好。

以我个人举例来说，我每次骑车去公园游玩都会经过一个红绿灯，遇到红灯时，我都静静地等待；可笑的是，除我之外，几乎每一辆电瓶车都无视红灯地刷刷而过，此时此刻，我觉得自己是一只美丽的蝴蝶。我喜欢这样的不断责善的自己，我告诉自己“勿以善小而不为”，我下决心向自己的劣根开炮，改掉一切过错，哪怕是最微小的过错——“勿以恶小而为之”。

责善，更多的是责己之善，而非要求别人；春风待人，秋风律己，这是君子的行为。而今天的人们刚好相反，自由对己，严格对人，这是小人的行为；正如孔子所说的“君子求诸己，小人求诸人”。

《论语》《孟子》《中庸》中也有很多与“善”有关的语录，我分享如下，请有缘人反复诵读。

子曰：“德之不修，学之不讲，闻义不能徙，不善不能改，是吾忧也。”

子曰：“三人行，必有我师焉：择其善者而从之，其不善者而改之。”

子张问善人之道。子曰：“不践迹，亦不入于室。”

季康子问政于孔子曰："如杀无道，以就有道，何如？"孔子对曰："子为政，焉用杀？子欲善而民善矣。君子之德，风；小人之德，草。草上之风，必偃。"

孔子曰："见善如不及，见不善如探汤。"

孟子曰："古者易子而教之，父子之间不责善。责善则离，离则不祥莫大焉。"

孟子曰："舜之居深山之中，与木石居，与鹿豕游，其所以异于深山之野人者几希。及其闻一善言，见一善行，若决江河，沛然莫之能御也。"

孟子曰："鸡鸣而起，孳孳为善者，舜之徒也；鸡鸣而起，孳孳为利者，跖之徒也。欲知舜与跖之分，无他，利与善之间也。"

子曰："舜其大知也与！舜好问而好察迩言，隐恶而扬善，执其两端，用其中于民，其斯以为舜乎！"

子曰："回之为人也，择乎中庸，得一善，则拳拳服膺而弗失之矣。"

以上穿越两三千年的文字大概告诉我们如下道理：

第一，见贤思齐，见不贤而内自省也。

第二，领导者和父母如果能责善，孩子一定能朝着好的方向发展。

第三，如果父子之间能相互责善，共同成长，那该有多好啊。

第四，大舜和颜回的德性就是来自于不断地责善，如果我们能做到念念思善，我们就能成为浩然正气之人。

第五，独处时能责善的人才是真正的光明之人。

第三节　脚踏实地

千里之行，始于足下。无论是生活的成功，事业的成功，还是生命的成功，都要脚踏实地，所以，《大学》说："欲治其国者，先齐其家；欲齐其家者，先修其身"，"自天子以至于庶人，壹是皆以修身为本，其本乱而末治者，否矣；其所厚者薄，而其所薄者厚，未之有也"；《论语》说："能近取譬"，"切问而近思"；《中庸》说："君子之道，辟如行远必自迩，辟如登高必自卑。"

时代在发展，人的身高、体质、聪慧程度都在改善，但脚踏实地的品质却在下降，尤其是大学毕业生，更是如此。举例子来说，某些专业的大专本科毕业生就业率要高于硕士博士，这倒不是社会用不起硕士博士，要说原因，一是很多硕士博士没有从务实的角度去攻读研究生学位，二是部分硕士博士的心态没有调整好，总觉得自己高人一等，这很要不得。能拿到研究生学位证明你很聪明，能撇开研究生学位脚踏实地证明你很有智慧。

在企业界，喝过洋墨水、受过国外工商管理专业训练的海归们，往往无法适应中国企业的特点。因为这些职业经理人并未了解企业的实际状况，而将书本的说教和自己的主张想当然地运用于实践，这当然行不通。于是，海归们也就慢慢地变成了海带，甚至是海苔。

现代社会，孩子和父母之间有很多观念上的冲突，孩子们常抱怨父母跟不上时代，这是事实；但孩子们过分地强调时代，也不太符合实际。

以婚姻为例，孩子们说离婚很正常，北上广深的离婚率甚至更高，这种说法对于20世纪五六十年代出生的父母，甚至七八十年代出生的父母，都无法接受。再说，就算北上广深的离婚率很高，也不表明你可以觉得离婚无所谓。

再以生孩子的事为例，中国自古就有坐月子的说法，产妇在生完孩子一个月内不能出门，不能吃凉的，不能吹风，这些古法中，或许有些过分的观点，我们可以批判。但现代年轻人，往往生完孩子两三天就出门，甚至还喝冷饮。老一代父母们大惑不解，说古法如何如何；年轻的产妇们说，欧美怎样怎样。没错！美国或许真的有人生完孩子就喝冷饮，但这就是你要学习的吗？再说东方人的体质状态和美国人一样吗？

以上两个案例都是没有立足于现状，没有脚踏实地，所以导致家庭问题，甚至是社会问题。

最后，我以自己对“眼高手低”这个成语的另类解读来结束本章内容。这个成语的原意是“自己要求的标准高，而实际工作的能力低”，人们常常用它形容某人不踏实，好高骛远。我的另类解读则是：做人眼界要开阔，目标要远大；做事则要低下头来，按部就班。仅供参考。

“眼高”，做人眼界要开阔，目标要远大，不正是第一章第一节所说的“志存高远”吗？“手低”，做事要低下头来，按部就班，不正是本节所说的“脚踏实地”吗？

所以，我希望正气少年们都能做一个真正的“眼高手低”的人。

中篇 正气说

《论语》说："政者，正也。子帅以正，孰敢不正？"孔子大道至简地将从政的核心理解成"正"——不偏不斜。可见，"正"是从政者、领导者的核心要求，正所谓"上梁不正下梁歪"。古代的座椅都是方方正正的，就是要引导人们坐正坐直；今天所谓的人性化设计，让人坐不像坐，躺不像躺，威严和气象全没了，傲慢和散漫在这样四不像的坐躺中逐渐滋生，正气更是彻底消失了。

我实在不相信一个站不正、坐不正、睡不正、行不正的人，心会正。所以，正行先正心，修行先修心。在人的所有品质中，我认为"正"是最重要的。所以，从2016年开始，"少年正气说"项目组在云南、宁夏、贵州、甘肃、西藏等地一些需要帮扶的学校做慈善时，我们先给需要帮助的孩子们发一本《正心字帖》，让孩子们以劳动的方式——描字帖——来获得爱心人士们提供的500元到1000元不等的助学金。用劳动的方式获得别人的帮助就是"正"，我希望孩子们能"存正心、写正字、说正话、养正气、做正人"，我相信"正"字一定会在孩子们心中生根发芽、开花结果。除此之外，我们还给贫困学校捐赠一些"正气校服"和"正气床单"。所谓的正气校服和正气床单，就是在校服和床单上印上"不说假话、敢说真话"，以此提示和照亮孩子们的心。未来，"少年正气说"项目组会带着《正心字帖》、正气校服和正气床单走进祖国需要的更多地方。我们每次在捐赠现场，都会带领孩子们说两段话。

第一段是：“我们是正气少年，我们有少年正气，我们说：少年是歌，唱生命正气；正气是德，以德立未来；未来是诗，诗里有浩然；浩然是气，天地有正气。”

第二段是：“我们是正气少年，我们有少年正气；我们不说假话，我们敢说真话。我们是正气少年，我们有少年正气；我们说‘天地有正气，杂然赋流形；下则为河岳，上则为日星’。我们是正气少年，我们有少年正气；我们说‘立天下之正位，行天下之大道’。我们是正气少年，我们有少年正气；我们说‘不要人夸颜色好，只留清气满乾坤’。”

第四章 正

第一节　不偏不斜

正就是不偏不斜，人由于受到认知、情绪和习气的影响，很难做到不偏不斜，即便是父母对孩子，也都很难做到不偏不斜。比方说：农村的父母更喜欢男孩，也更喜欢第一个和最后一个孩子，中间的孩子成了夹心饼干，而无法得到公平的关爱，这已成为严重的家庭问题，甚至还会深深影响到孩子的个性发展。

《大学》说：“身有所忿懥，则不得其正；有所恐惧，则不得其正；有所好乐，则不得其正；有所忧患，则不得其正。”这就是说，人总是受外界人或事物的影响而产生偏斜的情绪，导致身心不得其正。所以，无论是儒家、道家、佛家还是基督教，其核心内容都是将人的身心从偏斜的状态拉回正道。

龙生九子，子子不同。每个人的脾气秉性是不一样的，有人清澈些，有人浑浊些，从外表上就能看出来，再加上生活与学习环境的差异，慢慢就导致长大后人与人之间的巨大不同，这就是孔子所说的“性相近，习相远”。

曹雪芹说，女人是水做的，男人是泥做的；女人是清澈的，男人是浑浊的。总体而言，我认同这种观点。就整个社会来说，男女是不平等的，几乎在所有领域，男性都主导着这个世界。所以说，世界的发展，男人功不可没，世界的乌烟瘴气，也是男人们造成的。

说到家庭矛盾，虽说一个巴掌拍不响，但我认为家庭矛盾的根本在于男性。大男子主义至今还广泛存在于农村等经济不发达地区和经济发达但文化不发达的地区，常年来，大男子主义一直统治、压迫着许多家庭，孩子、妻子长期生活在父亲、丈夫的淫威之下，很多家庭矛盾也就源于一根烟一杯酒，妻子和孩子劝说丈夫和父亲少抽烟少喝酒，无论妻子和孩子的出发点多么美好，但依然遭遇固执、自我又浑浊的丈夫或父亲的反击，家庭矛盾因此产生。

再来说说婆媳矛盾，看上去是婆婆和媳妇的矛盾，但很多时候却是丈夫的问题。中国的传统观点认为，女人嫁到丈夫家就是丈夫家里的人，所以媳妇孝顺公公婆婆是应该的，而媳妇的父母则由其哥哥弟弟的媳妇去孝顺，于是产生了不平衡。这就是偏斜，偏斜就是不正，不正就是不公平，不公平就会引起反抗。当然，女人的情绪化、记仇、长舌、无理取闹、没完没了等等，也是导致家庭不和谐的重要原因。

我曾经将人的生命状态分为九种，基本上处于恐惧、焦虑、郁结、麻木、平淡、快乐的生命状态的人都是偏斜的，其生命品质都很低下，而处于幸福、自在和圆满状态的人则是“正态生命”。

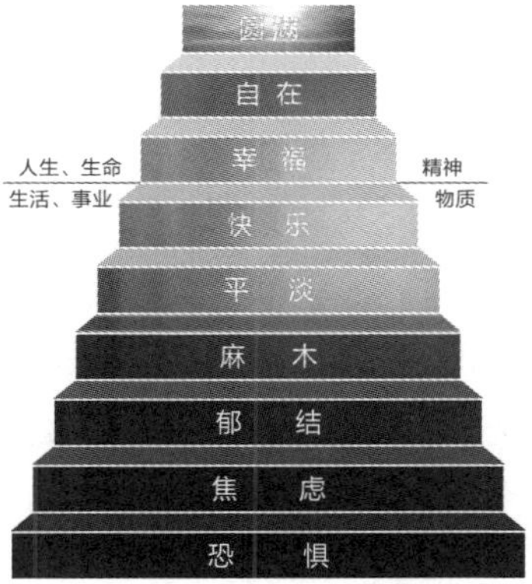

人的九大生命状态

第二节 正直正派

法国大作家雨果的《悲惨世界》中说：“做一个圣人，那是特殊情形；做一个正直的人，那却是为人的正轨。你们尽管在歧路徘徊，失足，犯错误，但是总应当做个正直的人。”他又在《笑面人》中说：“正直的人最吃力的工作是经常把难消除的恶念从人类的灵魂上消除出去。”那么，如何养正气去恶念呢？孟子说以“直”养之，正就是直，所以叫正直。从孔子到孟子，无不强调正直的品德。我将儒家经典中关于“正直”的文字摘抄如下，希望有缘的读者朋友们能从这些穿越时空的经典中找到生命的智慧，滋养本来光明却被污染的心。

子曰：“唯仁者，能好人，能恶人。”

子曰：“当仁，不让于师。”

曾子曰：“吾日三省吾身，为人谋而不忠乎？与朋友交而不信乎？传不习乎？”

子曰：“《诗》三百，一言以蔽之，曰：‘思无邪。’”

哀公问曰：“何为则民服？”孔子对曰：“举直错诸枉，则民服；举枉错诸直，则民不服。”

子曰：“孰谓微生高直？或乞醯焉，乞诸其邻而与之。”

子曰：“人之生也直，罔之生也幸而免。”

子曰：“狂而不直，侗而不愿，悾悾而不信，吾不知之矣。”

叶公语孔子曰：“吾党有直躬者，其父攘羊，而子证之。”孔子曰：“吾党之直者异于是：父为子隐，子为父隐——直在其中矣。”

或曰：“以德报怨，何如？”子曰：“何以报德？以直报怨，以德报德。”

子曰："吾之于人也，谁毁谁誉。如有所誉者，其有所试矣。斯民也，三代之所以直道而行也。"

柳下惠为士师，三黜。人曰："子未可以去乎？"曰："直道而事人，焉往而不三黜？枉道而事人，何必去父母之邦？"

色恶，不食。臭恶，不食。失饪，不食。不时，不食。割不正，不食。不得其酱，不食。

食不语，寝不言。

席不正，不坐。

寝不尸，居不客。

子曰："其身正，不令而行；其身不正，虽令不从。"

子曰："苟正其身矣，于从政乎何有？不能正其身，如正人何？"

子曰："晋文公谲而不正，齐桓公正而不谲。"

子曰："富与贵，是人之所欲也，不以其道得之，不处也。贫与贱，是人之所恶也，不以其道得之，不去也。君子去仁，恶乎成名？君子无终食之间违仁，造次必于是，颠沛必于是。"

子曰："自行束修以上，吾未尝无诲焉。"

子谓颜渊曰："用之则行，舍之则藏，唯我与尔有是夫。"

子不语怪、力、乱、神。

子钓而不纲，弋不射宿。

互乡难与言，童子见，门人惑。子曰：“与其进也，不与其退也。唯何甚？人洁己以进，与其洁也，不保其往也。”

子温而厉，威而不猛，恭而安。

子曰：“不在其位，不谋其政。”

曾子曰：“君子思不出其位。”

子曰：“事君，敬其事而后其食。”

子路问事君。子曰：“勿欺也，而犯之。”

子曰：“众恶之，必察焉；众好之，必察焉。”

子曰：“衣敝缊袍，与衣狐貉者立，而不耻者，其由也与。”

子曰：“饭疏食，饮水，曲肱而枕之，乐亦在其中矣。不义而富且贵，于我如浮云。”

孟子曰：“不直，则道不见，我且直之。”

孟子曰：“枉己者，未有能直人者也。”

孟子曰：“仁者如射：射者正己而后发，发而不中，不怨胜己者，反求诸己而已矣。”

孟子曰：“仁，人之安宅也；义，人之正路也。旷安宅而弗居，舍正路而不由，哀哉！”

孟子曰："存乎人者，莫良于眸子。眸子不能掩其恶。胸中正，则眸子瞭焉；胸中不正，则眸子眊焉。听其言也，观其眸子，人焉廋哉。"

孟子曰："唯大人为能格君心之非。君仁，莫不仁；君义，莫不义；君正，莫不正。一正君而国定矣。"

孟子曰："吾未闻枉己而正人者也，况辱己以正天下者乎？"

孟子曰："莫非命也，顺受其正。是故知命者不立乎岩墙之下。尽道而死者，正命也；桎梏死者，非正命也。"

第五章 气

第一节　喜怒有常

《中庸》说："喜怒哀乐之未发，谓之中；发而皆中节，谓之和。中也者，天下之大本也；和也者，天下之达道也。致中和，天地位焉，万物育焉。"这是一段"致广大而尽精微，极高明而道中庸"的文字，乃至很难用另一段文字去翻译。

我引用这段文字是想说，气分中节之气和不中节之气，中节之气就是恰到好处的气，就是和气，就是正气，反之就是邪气。那么，喜气洋洋是"和气"吗？怒气冲冲是"和气"吗？如果能做到当喜则喜，当怒则怒，则喜怒之气都是和气，相反，喜悦时装深沉则是虚伪，愤怒时装包容也是虚伪，虚伪就是不正之气，所以，《论语》说："礼之用，和为贵，先王之道，斯为美。"

事实上，能做到"和"——当喜则喜，当怒则怒，又是何等极高明而道中庸的生命境界啊，或许连孔子也只有在70岁的时候，才能做到从心所欲不逾矩。

人们常用“喜怒无常”来形容一个人糟糕的情绪状态，人们最难驾驭的就是喜怒这两种情绪。亦邪亦正、亦正亦邪的杜月笙曾说：“一等人本事大脾气小，二等人本事大脾气大，三等人本事小脾气大。”人们喜怒无常、反反复复，孔子一针见血地指出“爱之欲其生，恶之欲其死”，确实可悲。

大多数人的一生都被“喜怒无常”的情绪折磨着，得到一个东西时就惊喜，这就叫“得之若惊”；失去或将要失去一个东西时就惊讶、抱怨、愤怒，这就叫“失之若惊”，合而言之就是“宠辱若惊”。这四个字常令人心力憔悴，孩子成绩好，父母们开心欢喜；成绩差，父母们失望愤怒。人们的喜怒情绪总是随着外界名利的变化而变化，整个人都被外物所牵，随外物而转，人们很少反观自己，所以孟子说“反求诸己”“求其放心”。

如上状况，诚然是中国教育的悲哀，但中国教育是一所大船，船大调头难，这就需要家庭教育来弥补；可惜大多数家庭教育也以成绩和名利为中心，哀哉！仔细一想，也能理解，覆巢之下焉有完卵。虽然某些父母嘴上说，我不太在意孩子的成绩，但往往都是自欺欺人，在巨大的名利洪流中，只有真正的智慧父母才能独立思考，才能正确看待成绩和名利。

我们开设“少年正气说——演讲口才”课程的初心就是希望孩子们能保有正气，并通过演讲的方式传播正气，以此来对抗成绩第一和名利第一的浮躁社会现象，尽管这可能是螳臂当车。我相信，有正气的孩子，成绩是不会差到哪里去的，因为他们知道，在学生时期，该做什么，不该做什么，这就是“正”。

“正”就是“喜怒有常”，喜怒有常就是正——当喜则喜，当怒则怒。这是一辈子的功课，有一颗澄澈明亮的心才能做到。如王阳明那颗“此心光明”的心，如孔子那颗“从心所欲，不逾矩”的心。写到这里，读者朋友会不会有些泄气？心想，阳明先生和孔子的境界谁能达到呢？

确实很难达到，但这却是生命的意义和追求啊。所以，孔子说出了著名的“志于道，据于德，依于仁，游于艺”，给我们指出了生命的方向，这就是本书开头所说的“志存高远”。只要我们对人性有信心，对生命有追求，生活和工作的成功自然是水到渠成的，而且也能无限靠近“喜怒有常”的幸福生命态。

另外，我们也不要视仁为高山大河。事实上，仁于人而言很亲切，很实用，人一刻也离不开仁。正如孔子所说：“民之于仁也，甚于水火。水火，吾见蹈而死者矣，未见蹈仁而死者也。”所以，我们要对人性有信心，阳明先生在贵州龙场的惊天大悟——“圣人之道，吾性自足”就是对人性的极大肯定；每个人都能成为圣人，而且方法很简单，孟子说过“尧舜之道，孝弟而已矣”，这就给我们指出了修炼的道路——“老吾老，以及人之老，幼吾幼，以及人之幼”，将孝顺父母和友爱兄弟做到极致并推及更多人。

喜怒有常是一种修炼，一种人生的修炼，唯有志存高远者，方可企及。

第二节　哀乐相交

如果说喜怒是一种情绪，那么哀乐就是一种生命状态，是一种幸福、自在甚至圆满的生命状态。哀的生命状态其实就是孟子所说的“恻隐之心”放大之后的生命状态，恻隐之心无限放大后就成了其所说的“尽心、知性、知天”，这就是圣人之境。可见，圣人的境界就是从恻隐之心、从哀的生命状态开始的。

哀也是孔子所说的“忧道之心”，哀更是佛家所说的慈悲心——给众生乐、度众生苦的心，这是大菩萨境界。如果人心不是被恻隐之心、慈悲之心、忧道之心所占据，就会被怨恨之心、贪婪之心、自私之心所占据，这三种心都是麻木的死态之心。庄子说：“哀莫大于心死，而人死亦次之。”

以前，我走在公共场所，看到游烟者、乱丢垃圾者、大声喧哗者，就很生气，甚至在心中爆粗口，这就是怨恨之心。当我深入学习儒家经典后，心中的正气被逐渐放大，怨恨心的邪气就渐渐被挤压，甚至消失了。我开始思考，该为这些游烟、乱丢垃圾、大声喧哗者们做点什么？坦白说，我对大人们没有信心，毕竟从善如流者很少，过而能改者更少。我决定从少年教育入手，培养少年正气，再通过他们去影响父母，进而让社会的基本单元——家庭变得更好。

所以，只要孩子来学“少年正气说——演讲口才”，我们就免费开设父母课堂，甚至用金钱来奖励父母们学习。我们不敢奢望能影响多少人，但我们确实在行动。我们相信人性的美好，我们更相信得道者多助，一定会有更多人走进我们的这份美好。

有哀才有乐，有乐就有哀，“乐”包括“快乐”和“常乐”。顾名思义，快乐是一瞬间的事，而常乐则是幸福、自在、圆满的生命体验。

如何常乐？成语说得好：“知足常乐”，所以人要“知足”。“知”在古汉语中和“智”是通假字，所以，“知足”就是“智足”，言下之意，只有智慧充足的人才会知足。也就是说，智慧不足的人就不会知足，就会自私、贪婪，甚至自私到舍不得分享给父母和孩子，更有甚者自私到连自己都舍不得分享，巴尔扎克笔下的葛朗台不就是这样的人吗？事实上，这样的葛朗台正戴着各种不同的面具出现在我们身边，悲哀啊！

知足者才会懂得感恩，真正的感恩者才会心甘情愿地付出，只有心甘情愿地付出才会收获“常乐”的喜悦；如今的人们总将一切视为理所当然，这是很可怕的思维。我常和孩子说，不要将拥有的一切当作理所当然，要感恩父母。夫妻之间也是一样，如今很多男人在外赚钱，女人在家带孩子，于是男人们就认为是他撑起了这个家，回家之后享受女人的服侍是理所当然的，这是错误的心态，这种心态正是家庭问题根源之所在，文化程度越低的家庭越有这样的意识形态。殊不知，家是一个整体，是一个能量场，或许糟糠之妻和大字不识、卧床不起的父母不能为你的事业提供任何支持，但他们和你所共同组成的能量场才是你所谓成功的根基。所以，我建议事业上成功的男士们不要居功自傲（子曰：“如有周公之才之美，使骄且吝，其余不足观也已。”），要懂得感恩，更要懂得尊重，这不但能给对方带去快乐，更能给你本人带来常乐——幸福。

人人都在说“知足”，但拥有多少才会知足呢？物质世界总是没有尽头的，一楼更比一楼高，一车更比一车大。“智不足者”一辈子“志于欲”，拼命奔跑，气喘吁吁，苦不堪言；“智足者”则选择孔子的“志于道”，只有志存高远、志于道的生命才会有乐——孔颜之乐。所以，虽然孔子一生颠沛流离，甚至沦落成丧家之犬，但孔子的一生却是“乐”的一生，以至于乐得连老了都不知道。“叶公问孔子于子路，子路不对。子曰：‘女奚不曰，其为人也，发愤忘食，乐以忘忧，不知老之将至云尔。’”

第六章　说

第一节　不说假话

谈到假，我想到了虚假。在所有人品中，我最讨厌的就是虚假。孔子常说到两种人，君子和小人，比如："君子泰而不骄，小人骄而不泰。"骄就是小人的写照，意为骄横轻狂，我们完全可以想象那副得志便猖狂的中山狼形象。生活中，人们都不喜欢这样的小人，电视荧幕中塑造的地主、汉奸、走狗都是这副骄而不泰的小人嘴脸。但这些小人们也有一个共同的优点——不伪装，他们用无耻的言行举止告诉人们"我就是这样的小人，我就这个德行，不喜欢我，离我远点"，如此一来，人们小心防范，也能保护自己。

小人固然讨厌，但比小人更讨厌的是伪君子。如果说，君子是仁义的代名词，那么，伪君子就是假仁假义的代名词，假就是欺骗和愚弄。如果用讨厌来形容小人，那用什么来形容伪君子呢？或许，恶心这个词比较合适吧。

伪君子的最大特征是伪装性强，很难发现，一旦发现，物质损失不说，精神创伤更是难以弥合。人们之所以对这个社会失望，很大的原因就来自于伪君子们一次次对社会带来的欺骗和伤害，以至于很多人认为“老实没饭吃，虚假有肉吃”，于是也学伪君子，这或许就是巧言令色能如此大行其道的原因吧。

假仁假义的伪君子们常常打着爱和慈善的旗号去招揽生意，这是令人作呕的。我们培训圈也出了很多这样的无耻败类，以成功学为代表的培训，大多都是如此。他们在课堂上用振聋发聩的音乐烘托着他们去山区做慈善的特写镜头，大言不惭地说自己是慈善家；他们在课堂上反复播放着给父母洗脚的镜头，以显示自己是个大孝子。为了名利，连父母都拿来做宣传“道具”，真是无知无耻之极。还有官场上那些数不清的已落马的小狗、大狗和老狗，在位时，他们哪一个不在媒体上满口说着为人民谋福祉的道义文章？可是但凡查出来的，要么家里有一堆堆连封条都还未拆的黑心钱，要么就是早早地把孩子老婆弄到了国外，我想问问这些伪君子们：“你们不怕家人花着来路不明的黑心钱而遭天谴吗？”

接下来说说另外一种假——造假，它已日益成为一个关乎生命和经济命脉的社会问题，三聚氰胺造假事件，几乎毁掉了整个中国乳品业，使之十年内不能翻身，甚至让中国整个食品行业都出现了安全危机，造成的隐形损失不可估量。这种造假真是天理不容，人人得而诛之。还有三聚氰胺的兄弟们，如苏丹红、毒胶囊、黑心棉、假酒、仿制的名牌，也一次次戕害中国人的身体和灵魂。

假是毒瘤，在今天这个快速传播的时代，“假”已经摧毁了人们的道德意识——假摔、假药、假酒、假捐、假残疾、假学历、假结婚、假账，真真假假，假假真真，假作真时真亦假，这才是假带来的最可怕的现象。难怪很少题字的朱镕基同志曾破例给上海国家会计学院题了字——“不做假账”。

最后说一个貌似合理的假，为了照顾对方的面子而说假话，也称为善意的谎言。对于这种假，我可以理解，但不会这么做。我的原则是——可以微笑沉默，可以装聋作哑，可以不置可否，可以转移话题，但坚决不说假话。

第二节　敢说真话

我特别喜欢“真”这个字，尽心知性，明心见性，返璞归真。“真”是个极富高度又特别接地气的字，以至于我们每天都在讲这个字，却并不真正了解它。难怪黑格尔说，熟知非真知。

而且，我发现只要人的品格和“真”有关，即便不能在生命意义上取得成功，也有可能在世俗意义上取得成功。我常常和学生们说：“作假与求真就世俗意义上的成功来说，各占50%，那为何铤而走险作假呢？又为何不敢求真呢？答案只有一个——愚昧无知。”就我自己来说，我更切身感受到“真”的社会变现和商业变现，我常常问自己：“为什么那些身份、财富、年龄比我高很多的学生都很尊重我？真的仅仅是因为我课上得好吗？”我想更重要的是我身上“真”的品质打动了他们。

先用“真”组个词——真诚，用尔虞我诈来形容这个时代，我不赞成，我觉得世界还没到那么糟糕的程度。但如果说，中国人说的十句话中有两三句不够真诚，我还是同意的。究其原因，这与中国人的气质有关。中国人喜欢给对方留面子，喜欢客套，喜欢明哲保身，这些思维和气质决定了中国人在很多时候会讲一些言不由衷的不够真诚的话。我讨厌同胞身上的这些劣根性气质，这样的劣根气质会毁掉人身上最宝贵的特质——真诚，实在太可惜了。

再用“真”组个词——真实，人人都喜欢真实的人，我们从网络词句中就能感知到现代中国人对“真实”是多么渴求，比方说，“装×”这个词就是为了讽刺“不够真实”而造出来的新兴网络词。还有网络段子是这样说的：“做人别装×，装×遭雷劈”“不装×，你会死啊？”民间的声音就是诉求。相对于虚伪的礼貌和所谓表达技巧，我甚至更喜欢

“有话快讲，有屁快放，别绕弯子”这样粗俗的“真实”。

幸运的是，新生代的小伙伴们，已开始走向真实、走向真诚。例如，一位妈妈很苦恼，因为女儿总是和她唱反调，甚至还指责她，妈妈对女儿的未来充满着担忧。有一次，妈妈在家接到一个电话，她笑容满面地说“喂，你好，你好”之类的话，突然话锋一转，妈妈说：“哎呀，真不巧，我在外地出差啊，下次来，先约好时间，我一定要尽地主之谊请你吃饭。”放下电话，妈妈就被女儿指责，女儿责问她：“妈妈，你怎么说谎，你明明没出差却说出差，为什么说谎呢？”妈妈觉得女儿傻，女儿觉得妈妈虚伪，她们的矛盾似乎无法调和……

这是一个真实的故事，我听完后，深深地为这位可爱的小女孩点赞，也为这位张口就能说出假话的妈妈感到悲哀。孔子说：“直哉史鱼！邦有道，如矢；邦无道，如矢。”如果做不到史鱼的这般“真”，就学孔子的“慎”吧：“邦有道，危言危行；邦无道，危行言孙。”如果“慎”也行不通，就学孔子的“隐”吧：“天下有道则见，无道则隐。”我想对正气少年们说，如果社会不接受敢说真话的人，你们可以做任何选择，但永远也不要出卖自己的灵魂而说假话。

“真”是一个神奇的字，它高高在上却又地气充盈地指引着人们前进的方向。“真”正如胡适先生所说的那样：

“有话要说，方才说话；有什么话，说什么话；话怎么说，就怎么说。”也如陶行知先生所说的那样：“千教万教教人求真，千学万学学做真人。”

第三节　评宇说宙

中国古人对宇宙的定义是：往古来今谓之宙，四方上下谓之宇。顾宪成说：“家事国事天下事，事事关心。”正气少年怎能不关注外面的世界呢？所以，我鼓励少年们在培根固本之后，要广泛阅读，通过阅读的窗口了解世界之大。

“说宙”就是说过去，所以要了解祖国的历史。我建议少年们多读中国历史，从历史中寻找正气。

从岳飞的《满江红·写怀》中寻找正气：“怒发冲冠，凭阑处，潇潇雨歇。抬望眼，仰天长啸，壮怀激烈。三十功名尘与土，八千里路云和月。莫等闲，白了少年头，空悲切！　靖康耻，犹未雪。臣子恨，何时灭。驾长车，踏破贺兰山缺。壮志饥餐胡虏肉，笑谈渴饮匈奴血。待从头，收拾旧山河，朝天阙。”

从文天祥的《过零丁洋》中寻找正气：“辛苦遭逢起一经，干戈寥落四周星。山河破碎风飘絮，身世浮沉雨打萍。惶恐滩头说惶恐，零丁洋里叹零丁。人生自古谁无死？留取丹心照汗青。”

从于谦的《石灰吟》中寻找正气：“千锤万凿出深山，烈火焚烧若等闲。粉骨碎身全不怕，要留清白在人间。”

“说宙”就是说现在，房子为何这么贵？食品为何总不安全？地下水的污染，空气中的雾霾，是如何产生的？大人们为什么总是自己看手机，却要求我们不看呢？人们为什么乱丢垃圾，爱闯红灯？外国的月亮真的比中国的圆吗？考试成绩真的很重要吗？打游戏与读书之间是怎样的关系？男生为什么缺乏阳刚之气而女生却很凶？无休无止的娱乐节目对人的意义在哪里？人为什么要活着？生命的意义到底是什么？最关键的是，应该如何改变这些现象，我能做什么？

“说宙”就是说未来，我到底要成为什么样的人？是寄生于社会还是建设社会呢？我要选择什么样的职业？我要和什么样的人交朋友？我要读什么样的书？我要选择什么样的运动？我是否要出国学习？出国的目的又是什么呢？我最希望父母给我什么，物质还是精神？我们要给子孙后代留下什么？又能留下什么呢？

“评宇”就是说家事国事天下事，父母们不要以为孩子小就可以替他们做一切的主，这样的教育方式，只会让孩子变得无主见。孩子是家庭的重要成员，家庭做决策时，家长们要咨询孩子们的建议，要多鼓励孩子们参与家庭决策，这样不但能让孩子感觉到被尊重，还能让孩子对社会有更多的理解，有助于孩子实现更全面的发展。

如何才能做到侃侃而谈地“评宇说宙”呢？阅读是最好的方式，父母们要鼓励孩子广泛地阅读——科技类、人文类、艺术类、历史类、地理类、社会类、哲学类、传记类等等；千万不要让孩子从最初的动画片，到后来的娱乐秀，再到电视剧，这是通向平庸的标准路线。另外，有条件的家长们还要带着孩子们出去旅游，实在没时间，也要引导孩子看相关的图片，或专题类节目，总之要开阔孩子的视野，让孩子对世界充满好奇，拥有一颗好奇的心比什么都宝贵。

第四节　浩然正气

孟子提出的“浩然正气”影响了文天祥，文天祥写出的《正气歌》流传千古，也影响了我写《少年正气说》。当初在出本书的时候，出版界的编辑们基本上都不看好，说这个名字卖不掉。他们说，书内容很好，很正气，很有感情色彩，像一位父亲对自己的孩子说话，又像兄弟朋友间的聊天，很有画面感，但读者们（父母群体）更希望看技巧、秘籍和方法之类的书。其实，编辑们很尴尬，也很无奈，他们不得不屈服于浮躁的现实，他们也想出版好东西。我对编辑说：第一，书的名字不能改，就用《少年正气说》；第二，书的目录不能改；第三，我能写多少字就写多少字，我不会为了凑篇幅而东拼西凑。我相信时间，我相信真诚，我相信真诚在时间中一定会开花结果。

今日社会，歪风邪气，随处可见，打开手机，网站的标题个个语不惊人死不休，很多链接文章都是标题党，能把八卦明星的那点臭事炒得天上地下，他们尽其所能，子虚乌有地炒，添油加醋地炒，颠倒黑白地炒。总之，能增加点击率的都炒，毫无节操与底线。用户点开后，大失所望，骂编辑是脑残；但编辑们也很郁闷，“我不这样搞，你们就不会点，是你们迫使我这样写啊”。人们之间歪风对邪气，还彼此抱怨，荒谬啊，这就是人与人之间缺乏正气的结果。

如何养正气呢？就从每天的说话开始吧。先要做到“不说假话”并努力让自己“敢说真话”。在这里我想说说梁漱溟先生，梁先生真可谓是文弱的硬汉。我非常欣赏他的八字箴言“独立思考，表里如一”，独立思考的他是智者，表里如一的他是真人。梁先生的时代遇上了“批林批孔”的浪潮，在将近一个多月的批斗会议上，梁先生一言不发，最后迫不得已，他必须“表态”时，他说“我不批孔，只批林”，这是一句极其危险的“真话”。之后，他遭到大规模的批判，历时半年之久，被折磨得心力憔悴。在某次批判会议上，主持人问梁先生："对于批判，你有什么感想？"梁先生浩然正气地脱口而出："三军可以夺帅也，匹夫不可夺志也。"费孝通先生谈到梁漱溟先生时说："他是一个我一生中所见到的最认真求知的人，一个无顾虑、无畏惧、坚持说真话的人。"

特蕾莎修女有一首著名的诗歌《不管怎样，总是要》，里面有这样的一些话，让我很感动："人们经常不讲道理、没有逻辑、以自我为中心，不管怎样，还是要爱他们；如果你友善，人们会说你自私自利、别有用心，不管怎样，还是要友善……你所做的善事明天就会被遗忘，不管怎样，还是要做善事；诚实与坦率使你容易受到欺骗和伤害，不管怎样，还是要诚实与坦率；人都会同情弱者，却只追随赢家，不管怎样，还是要为弱者奋斗；你耗费数年所建设的都会毁于一旦，不管怎样，还是要建设……人们确实需要帮助，然而如果你帮助他们，却可能遭到攻击，不管怎样，还是要帮助；将你所拥有的最好的东西献给世界，可能永远都不够，不管怎样，还是要将最好的东西付出……"好一个浩然正气的"不管怎样，总是要"！正如特蕾莎修女自己所说的："说到底，它是你和上帝之间的事，这绝不是你和他人之间的事。"

梁漱溟先生和特蕾莎修女已是盖棺定论之人，接下来说一个当代人——崔永元先生，崔先生也是一位浩然正气之人，令人肃然起敬。他曾在央视主持《实话实说》访谈节目，深入人心，从央视离职后，揭露了演艺界数以亿计的偷税大案，触及了很多无耻利益集团的生命线，甚至遭到了死亡威胁。他说，有天晚上，他梦到父亲对他说三个字：“不能退！”好一个浩然正气的“不能退”啊！

《少年正气说》的“正气”源于孟子的“浩然正气”，也源于文天祥的《正气歌》，我分别将这两段经典摘抄下来，希望有缘的家长和少年们能够带着正气去朗诵，也可以扫描二维码收听我的朗读。

孟子曰：“我善养吾浩然之气。”“其为气也，至大至刚，以直养而无害，则塞于天地之间。其为气也，配义与道；无是，馁也。是集义所生者，非义袭而取之也。行有不慊于心，则馁矣。”

《正气歌》全文如下①：

余囚北庭，坐一土室。室广八尺，深可四寻。单扉低小，白间短窄，污下而幽暗。当此夏日，诸气萃然：雨潦四集，浮动床几，时则为水气；涂泥半朝，蒸沤历澜，时则为

① 参考《大学语文》，廖超慧主编，华中科技大学出版社 2008 年版。

土气；乍晴暴热，风道四塞，时则为日气；檐阴薪爨，助长炎虐，时则为火气；仓腐寄顿，陈陈逼人，时则为米气；骈肩杂遝，腥臊汗垢，时则为人气；或圊溷、或毁尸、或腐鼠，恶气杂出，时则为秽气。叠是数气，当侵沴鲜不为厉。而予以孱弱，俯仰其间，于兹二年矣，幸而无恙，是殆有养致然尔。然亦安知所养何哉？孟子曰："吾善养吾浩然之气。"彼气有七，吾气有一，以一敌七，吾何患焉！况浩然者，乃天地之正气也，作正气歌一首。

天地有正气，杂然赋流形。下则为河岳，上则为日星。
于人曰浩然，沛乎塞苍冥。皇路当清夷，含和吐明庭。
时穷节乃见，一一垂丹青。在齐太史简，在晋董狐笔。
在秦张良椎，在汉苏武节。为严将军头，为嵇侍中血。
为张睢阳齿，为颜常山舌。或为辽东帽，清操厉冰雪。
或为出师表，鬼神泣壮烈。或为渡江楫，慷慨吞胡羯。
或为击贼笏，逆竖头破裂。是气所磅礴，凛烈万古存。
当其贯日月，生死安足论。地维赖以立，天柱赖以尊。
三纲实系命，道义为之根。嗟予遘阳九，隶也实不力。
楚囚缨其冠，传车送穷北。鼎镬甘如饴，求之不可得。
阴房阗鬼火，春院闷天黑。牛骥同一皂，鸡栖凤凰食。
一朝蒙雾露，分作沟中瘠。如此再寒暑，百沴自辟易。
嗟哉沮洳场，为我安乐国。岂有他缪巧，阴阳不能贼。

顾此耿耿在，仰视浮云白。悠悠我心悲，苍天曷有极。

哲人日已远，典刑在夙昔。风檐展书读，古道照颜色。

下篇 演讲口才

亲爱的父母们，我相信你们是为孩子们而买这本书的，因为书中有“少年”两个字。我不知道你下定决心购买本书的原因是“正气”打动了你，还是“演讲口才”打动了你？如果我以家长的身份给孩子挑选，一定是先看中“正气”，再看中“演讲口才”。

正气是少年的根，演讲口才是少年的枝叶。有正气的少年，无论会说不会说都有力量，都能打动人；没有正气的少年，能说会道也是油嘴滑舌，并非好事。

第七章 准备

第一节　话说演讲

演讲是个外来词，中国文化中是没有这个词的，即便诸葛亮舌战群儒，在当时和后来也没人用演讲来概括其表达方式。演讲演讲，顾名思义又演又讲，边演边讲，只演不讲是聋哑剧，只讲不演是催眠剧。

毫不夸张地说，演讲力就是生产力，演讲能改变世界。

在政界，孙中山“走向共和”的演讲加速了清政府的灭亡，毛泽东“中国人民从此站起来了”的演讲向世界宣告了新中国的成立，周恩来的“万隆演讲”更加稳固了新中国的脚跟，林肯的“葛底斯堡演说”推进了美国的独立，马丁·路德·金“我有一个梦想”的演讲点亮了美国，丘吉尔“热血、辛劳、泪水和汗水”的演讲让英国更有力量。

在商界，马云的中英文双语演讲把阿里巴巴推向了全世界，乔布斯的演讲把苹果手机卖到了全世界。

事实上，美国人早在20世纪40年代就把口才、美元和原子弹看作赖以生存的三大法宝；60年代以后，又把口才、美元和电脑看成影响一个人成功与否最有力的三大法宝。时代变迁，而口才一直独居三大法宝之首，可见美国人有多么重视口才。所以，英国首相丘吉尔说“一个人能面对多少人讲话，就代表他的人生成就有多大”，中国的古话也说“三寸之舌，强于百万雄师”。

说了这么多，您或许对演讲已经产生了兴趣，但还认为演讲是大人物的事，与我们普通人有什么关系呢？我的回答是，演讲能让你成为大人物。

其实，演讲就在我们身边，在每个人身边——

还记得吗？在你降临到这个世界上的时候，你就用最棒的一次演讲征服了你的爸爸妈妈和家庭其他成员，你的演讲是那么活力充沛、真情流露、感人肺腑，你的梦想也在一天一天地建立……

还记得你上小学的时候吗？你想当班长，但老师要求竞选，你用演讲征服了同学们，成了孩子王，这也预示了你现在的领导气质。

转眼，你到了初中、高中、大学、社会，你无时无刻不在用嘴巴影响着别人，用演讲感染着别人。过去人们常说，说得好不如做得好，在21世纪的今天，人要想取得成就，做得好也要说得好。

说话是本能，而演讲却是能力，一种需要训练的能力；

我们承认任何事都有天分之说，演讲也不例外。如果说马丁·路德·金能面对千万人演讲，有天分的因素，我相信任何人都能通过训练，面对数十人演讲。亲爱的少年，无论您多内向、羞涩，甚至是结巴，都请相信——只要有正气，就能学会演讲！

亲爱的正气少年，让我们开始演讲口才的专业学习吧，在正式学习之前，先跟着我的文字，去看看如何准备一场演讲。

成功的演讲者，绝对舍得花大量的时间做准备，不要说你不行，也不要迷恋天才，即便是天才也要花大量时间做准备。所以，如果你的演讲不行，就表明你花在演讲准备上的时间还不够。如果你告诉我，你已经花很多时间在演讲准备上了，我只能说你对“准备”这个词的理解与我不一样，或者说，你还没有看过那些天分比你高三倍，能力比你强三倍的人是如何疯狂准备的。

我们来看看苹果创始人史蒂夫·乔布斯的例子，就能明白什么叫准备。“乔布斯仍一直在精益求精地不断完善自己的演讲风格，每张幻灯片他都亲自撰写，他的每次演讲都带给观众剧场般的体验，他不像其他的演讲者是为了传递信息，他是为了给听众创造一次非凡的体验。他近乎苛刻地要求自己，不断修改每张演讲幻灯片和每个细节，乔布斯是一位艺术家，一刻不停地排练直到近乎完美！演讲前，乔布斯会用整整两天的时间反复排练，咨询在场产品经理的意见，任何一个细节，他都不放过。当年，有这样一个场景，乔布斯在为发布iMac进行彩排时，按照设计，他话音一落，新款iMac就从一块黑色幕布后面滑出。但乔布斯对当时的照明状况不满意，他希望光线更亮一些，出现得更快一点。负责照明演示的工作人员一遍又一遍地调试，始终不能让乔布斯满意，而他的情绪也越来越糟糕。最后终于调试好了，乔布斯兴奋地狂叫。”

当我看到这段文字的时候，我的感受只能用两个字来形容——羞愧。这样天才般的演讲家，还用如此认真的态度做准备，而我却认为自己已经准备好了。所以，成功的演讲就是源于“准备！准备！再准备！”

我常在课堂上说：“如果让我讲3分钟，我要花一周时间准备；如果讲10分钟，我要花3天时间准备；如果讲30分钟，我就不用准备了，随时可以讲。”因为，越短的演讲需要准备的时间越长，这容易被很多人忽略。

演讲者要做好充分的准备和思考：当听众人数多的时候，怎样演讲；人数少的时候，怎样演讲；男人多的时候，怎样演讲；女人多的时候，怎样演讲；听众年龄偏大的时候，怎样演讲；听众年龄偏小的时候，怎样演讲；场面沉闷的时候，怎样演讲；场面活跃的时候，又怎样演讲；我抛出一个话题，听众不接的时候如何处理；受到听众挑战的时候，又如何处理；我该准备怎样的外在形象；PPT是否准备充分；演讲稿是否熟悉；提示卡是否准备好了；等等。

第二节 演讲阶梯

亲爱的正气少年，演讲的阶梯共分四部分，分别是让听众“记住我、喜欢我、欣赏我、尊重我”。

就像你从小学到初中、到高中、到大学一样，都是通过学习而不断升级的，下面我们就来学习如何走到演讲阶梯的最高端吧。

让听众记住我。这是演讲者的小学阶段，如何让自己在茫茫人海中被人记住，而不至于被当成路人甲一样的符号，我们可以从以下两个方面下功夫。

第一，我特殊。我们倡导的特殊是合理的特殊，是合道的特殊。有一次我在青少年夏令营的课堂上听到孩子们讲自己的梦想，有人说要做大企业家，有人说要当大科学家。有两个孩子给我留下了深刻的印象，一个孩子说“我要做君子”，我很震惊，这就是志存高远啊，这就是特殊啊，这就是一种与世俗相抗衡的力量啊，好样的，正气少年。还有一个孩子说“我要成为一名优秀的人民教师”，我很感动，我感动的不是优秀，也不是教师，而是“人民”，后来我了解到，她的父母都是教师。所以，我有理由相信她的父母都是优秀的教师，都是眼里有孩子的教师，而非眼里只有钱的教师。因为，如果她的父母眼里只有钱，我相信一定会教导孩子做商人，因为做商人最赚钱。

职业本无高低贵贱之分，只是分工不同而已，但有两种职业是我在初高中读书时代最讨厌，却是现在的我最憧憬的：一是教师，二是医生，套用上面那位少年的话就是人民教师和人民医生。我也直言不讳地建议我的孩子们，未来在择业时能优先选这两个职业。我对孩子们说：“如果爸爸有能力给你们留一些钱财，是希望这些钱财能让你们的人格更健康，让你们能忠于职业本质，忠于心，而非忠于五斗米，更不希望你们去挥霍甚至是炫耀钱财。”

我不倡导标新立异和为赋新词强说愁的特殊，但如今的时代真让人无语，男人穿女人衣服，男子变性成女子，女子剃个光头，裸奔……我不知道这样的特殊，意义何在？就算被人记住了，最多也是被当作跳梁小丑吧。所以，子曰“索隐行怪，后世有述焉，吾不为之矣”，这是孔子对特殊的态度，也是我所秉持的态度。

第二，我优秀。如果说“我特殊”是眼球效应，那么

“我优秀”则是靠实力说话；所以，正气少年们，如果想在人前显贵，必须要在人后受罪，这就是播种收割定律，正所谓台上一分钟台下十年功。在此，我希望少年们能理解父母们的苦心，尽管你们现在不太愿意去学书法、绘画、钢琴、舞蹈……但我相信长大后的某一天，当你站在舞台上从容自如，下面掌声四起时，你会感激那个曾经逼你学习的父母，就像中国著名钢琴家郎朗先生感谢他的父亲逼他练琴一样。

让听众喜欢我。这是演讲者的初中阶段，很多人问怎样才能让听众喜欢，如果要我从本质上回答，那就是：“做好自己，才能让听众喜欢。”

讨人喜欢是一个模糊的概念，很难量化，是一种感觉，有首歌唱得好“莫名我就喜欢你”，“讨人喜欢”在很大程度上与这个人的外貌、气质、才华、智商、情商、品德和实力有关。平心而论，马云长得又矮又瘦，至少不帅，但他很有才华，又是大企业家，人们开始觉得他挺好看的，挺讨人喜欢的。

在人类所有的特质中，有一种特质总受大多数人欢迎，那就是“微笑”。人们常用如沐春风来形容微笑，又用秋日暖阳来形容微笑，尽管也有人喜欢夏的火热、冬的严寒，但我相信大多数人都喜欢春秋时节。人们也爱用春秋来形容时间，长寿的老人们往往谦虚地说，人生如梦，虚度九十春秋。

所以，正气少年们，笑起来吧。笑是一种态度，更是一种能力，可以通过练习来固化脸上的笑；笑更需要环境的浸染，所以，父母们一定要给孩子营造一个笑的家庭氛围，就算工作压力大，夫妻情感平淡而笑不出来，至少也要和气吧，不要整天冷漠着一张脸，更不要在家里大声叫喊，呼来喝去，就算为了孩子，也请努力一下吧。

年轻的时候，我读过拉塞尔·康威尔等人著的《羊皮卷》，里面有一章叫“我要笑遍世界”，文字很优美，也深深地影响过我，现摘抄如下，供有缘的朋友们朗读[①]：

我要笑遍世界。只有人类才会笑。树木受伤时也会流“血”，禽兽也会因痛苦和饥饿而哭嚎哀鸣，然而，只有我才具备笑的天赋，可以随时开怀大笑。从今往后，我要培养笑的习惯。笑有助于消化，笑能减轻压力，笑，是长寿的秘方。现在我终于掌握了它。

我要笑遍世界。我笑自己，因为自视甚高的人往往显得滑稽。千万不能跌进这个精神陷阱。虽说我是造物主最伟大的奇迹，我不也是沧海一粟吗？我真的知道自己从哪里来，到哪里去吗？我现在所关心的事情，十年后看来，不会显得愚蠢吗？为什么我要让现在发生的微不足道的琐事烦扰我？

① 以下引文参见《羊皮卷》，［美］拉塞尔·康威尔等著，林永年编译，远方出版社 2017 年版。

在这漫漫的历史长河中，能留下多少日落的记忆呢？

我要笑遍世界。当我受到别人的冒犯时，当我遇到不如意的事情时，我只会流泪诅咒，却怎么笑得出来？有一句至理名言，我要反复练习，直到它们深入我的骨髓，出口成言，让我永远保持良好的心境。这句话，传自远古时代，它将陪我渡过难关，使我的生活保持平衡。这句至理名言就是：这一切都会过去。

我要笑遍世界。世上种种到头来都会成为过去。心力衰竭时，我安慰自己，这一切都会过去；当我因成功洋洋得意时，我提醒自己，这一切都会过去；穷困潦倒时，我告诉自己，这一切都会过去；腰缠万贯时，我也告诉自己，这一切都会过去。是的，昔日修筑金字塔的人早已作古，埋在冰冷的石头下面，而金字塔有朝一日，也会埋在沙土下面。如果世上种种终必成空，我又为何对今天的得失斤斤计较？

我要笑遍世界。我要用笑声点缀今天，我要用歌声照亮黑夜。我不再苦苦寻觅快乐，我要在繁忙的工作中忘记悲伤。我要享受今天的快乐，它不像粮食可以贮藏，更不似美酒越陈越香。我不是为将来而活，今天播种，今天收获。

我要笑遍世界。笑声中，一切都显露本色。我笑自己的失败，它们将化为梦的云彩；我笑自己的成功，它们回复本来面目；我笑邪恶，它们远我而去；我笑善良，它们发扬光大。我要用我的笑容感染别人。

我不再允许自己因为变得重要、聪明、体面、强大，而忘记如何嘲笑自己和周围的一切。在这一点上，我要永远像小孩子一样，因为只有做回小孩子，我才能尊敬别人，我才不会自以为是。

让听众欣赏我。这是演讲者的高中阶段，如果希望得到别人的欣赏，我的观点是“手有绝活”。绝活不是天生的，是要苦练的，我不反对家长让孩子学才艺，但我反对什么才艺都学，有些家长甚至让孩子报七八个兴趣班，把孩子搞得七上八下，实在太荒谬。古人云：“多为少善，不如执一；鼫鼠五能，不成伎术。”意思是说：“做得多的，很少有能做得好的；还不如专心地做好一件事；鼫鼠有五种本事，但都成不了绝技。”鼫鼠有五种技能，能飞不过屋，能缘不能穷木，能游不能渡谷，能穴不能掩身，能走不能先人。古人说“事不过三”，又说“三生万物”，所以，我觉得给孩子报三个才艺班就可以了，其中要有一个是孩子最有兴趣的，以这个最有兴趣的为主，协助孩子将其练成绝活，这就叫“手有绝活”。

让听众尊重我。这是演讲者的大学阶段，尊重是和人格有关的词。看到有钱人，人们会说，你好厉害哦；看到长得好看的人，人们会说，我好喜欢你哦；看到有才华的人，人们会说，我好佩服你哦；只有见到有人格的人，人们才会肃然起敬，心中升起尊重的感觉，这也是演讲者要努力达到的最高境界。

从一定意义上说，这种境界不是讲出来的，而是做出来的。所以，我提倡参加“少年正气说”学习的孩子们从小就要“心有天下”，天下为公，这又回到了我前面谈到的志存高远。

人们常说“一屋不扫何以扫天下”，我却认为能扫一屋的孩子很少能扫天下，而从小就立志于扫天下的孩子一定能扫一屋。所以，我发起了“大人，请别乱丢”的公益活动，我建议父母们周末或假期带着孩子到小区、公园、火车站去捡垃圾，以此来培养孩子的社会公益心。我相信如果父母们能带着孩子去做这件简单又有意义的事情，不但会练就孩子讲文明的人格，还能让孩子受人尊重。我还发起了一个“大人，别闯红灯”的公益活动，建议孩子在红绿灯路口举着牌子，提示大人们不要闯红灯。

心有天下的少年，人格会更健康。当今社会，有一部分优秀的孩子却得抑郁症了，为什么？因为太优秀，整天生活在掌声和赞美中，突然间找不到人生的意义与方向了，抑郁慢慢产生。想象一下，如果这些孩子们的世界是天空、是大海、是天下，或许这些绽放的花朵就不会患上抑郁症了。正所谓，海阔凭鱼跃，天高任鸟飞。

请再试想一下，在学校组织的某次演讲活动中，一个富豪的孩子站在台上侃侃而谈："这五年时间过得很有意义，我跑遍了全球的所有发达国家，美英德法新日韩，尝遍了东京的美食，看遍了巴黎的美景……"我相信这样的演讲会赢得同学们的羡慕，当然也有可能会遭到同学们的嫉妒，这未必是好事。

正在读本书的你或许没有这样的经济条件让孩子走遍全球，但这五年来你坚持每月两次带孩子去捡垃圾，你的孩子或许可以这样说："老师们，同学们，我的父母没这么多钱和时间带我走遍全球，但我的父母无论多忙，每月都会抽两次时间带我在小区、公园、上学的路上捡垃圾。五年来，我和我的父母累计捡垃圾的次数达到了120多次，累计时间超过120个小时，我们用坏了20根垃圾钳；每次当我看到爷爷奶奶和叔叔阿姨们遛狗后，狗在路上拉下的一坨坨狗屎时，我在想这难道是狗的错吗？如果你踩到又臭又硬又粘的狗屎时，你的心情又能怎样呢？每当我看到叔叔伯伯们边走边抽烟，随地丢烟蒂，还不时地吐一口痰，我感觉很无语，我是选择抱怨呢，还是选择付出呢？同学们，如果你是我，你会怎么做呢？"

我相信这样的演讲一定能获得全体同学和老师们的尊重，在人格面前，美食和美景变得黯然失色。

第三节　克服紧张

导致紧张的因素有很多，准备、认知、实力、专业、心态、听众的层次、演讲者的诉求等等。如果演讲者对听众有所求，紧张感就会骤然上升，因为，如果讲得不好，就会有损失，损失越大越紧张。接下来，我从准备和认知两个角度详细分析。

准备一：了解听众。可以不了解听众的喜好，但一定要了解听众的禁忌。如果我们在甘肃或新疆演讲，听众中或许有回族同胞，我建议大家不要在演讲中出现“猪”这个词，否则容易引起听众的反感。有一次我在演讲中说“西部不发达地区”，有位听众在我演讲结束后，给我提意见，说我的用词伤害了她。虽然至今为止，我依然认为这位听众太过敏感，但她提醒了我，在公众演讲中，一定要做到谨慎用词，孔子说的“敏于事而慎于言”是永远不会过时的。

准备二：亲自写稿。无论怎样也不能让别人代写讲稿，因为每个人都有自己独特的语言表达习惯，讲别人的话，肯定不习惯。所以，讲稿要自己写，且要用口语化的方式写，太过书面化的用词，一方面不容易记忆，另一方面会给人背书的感觉，不够自然。关于写讲稿，大家是否有这样一种郁闷的体验：明明讲稿是自己写的，写得很口语化，也背得滚瓜烂熟，但一到台上还是会出现断片的现象。这是为什么呢？以我的经验，问题出在讲稿结构上，很多人写讲稿都很天马行空，落笔成文，文字之间未形成明显的模块化和逻辑关联，而是一个个珍珠般美好的字、词、句的堆砌。我相信这些字词句割开来看都很好，但凑在一起就会显得杂乱无章，就像房间里堆满了东西，要用的时候却找不到。所以，如果能让讲稿模块化，就能从宏观上做到心里有数，心里不慌，就能最大化地克服紧张情绪。关于演讲的模块化，我会在第八章第一节专门讲解。

准备三：排练纠错。共分四个步骤：第一步，录音排练，即模拟演讲时用录音机录下来，反复听，一方面寻找问题，另一方面熟悉讲稿内容；第二步，视频排练，即模拟演讲时用摄像机录下来，回看并纠正演讲的肢体语言；第三步，仿真模拟，即找家人、同学或朋友做听众，模拟几遍，让大家提意见；第四步，现场模拟，如有可能，可提前到演讲现场做一次真实的模拟。我相信经过这四个步骤，上台演讲时的紧张情绪一定能大幅度降低。

紧张源于认知，只有正确地认识紧张才能有效地缓解紧张，就像生病一样，本来病情并不严重，却被自己吓坏了。接下来，我带着大家从以下几个错误的方面去了解紧张，希望能帮助大家与紧张和谐相处。

错误认知一：总以为只有自己紧张。其实紧张是“惧”的情绪表现，就像笑是“喜”的情绪表现一样。人的笑点有高有低，紧张点也有高低之分，所以，没有一辈子不笑的人，也没有一辈子不紧张的人。事实上，除非死人和植物人，任何活人都会紧张，所以，别以为只有你会紧张。请不要想着干掉紧张，要想着如何驾驭紧张，甚至利用紧张，变劣势为优势。比方说，我们可以在演讲前真诚、坦率、微笑地对听众说“我虽然做了很多准备，但还是很紧张，如果讲得不好，请大家原谅我、鼓励我、包容我……”，我相信如此真诚的演讲者更能得到听众的认同和尊重。但请不要这样说：“不好意思，没准备，讲得不好，请大家原谅……”听众很反感这样的人——你没做准备就来讲，岂不是浪费我们的时间吗？这是不尊重听众的行为。

错误认知二：总以为听众冷漠的外表和傲慢的神情是对自己的抗拒。很多演讲者站到台上看着台下一张张陌生又冷漠的脸——他们或双手交叉抱胸，或半躺而坐，或跷着二郎腿，或歪头板脸……如此景象让演讲者的紧张情绪骤然上升。据我多年的演讲教学和实战经验，我发现听众到一个陌生的场所来听演讲，都很不适应，于是就采取自我防备的肢体语言，以此来获得安全感。所以，他们或双手交叉抱胸，或半躺而坐，或跷着二郎腿，或歪头板脸的肢体语言，恰恰证明了他们的紧张。

错误认知三：总想让自己的观点得到别人的认同。事实上，我们很难让每个人都满意，正如有人喜欢吃咸的食物，有人喜欢吃甜的食物，有人喜欢吃辣的食物，众口难调。演讲者要做的不是让别人满意，而是让自己满意，让心满意，确保所说的每句话都是真诚的，都是自己体验的，正如曾子所说的“传不习乎”——我传授给别人的知识是我见习过的吗？[①]总希望自己的观点能得到别人的认同，是一种证明型人格特质，这种人一辈子都会活得很辛苦。或许小时候被父母否定，长大后一直想证明给父母看；或许成人后被朋友否定，就一直想证明给朋友看；或许结婚后被配偶否定，就一直想证明给配偶看；或许由于实力不够让孩子被人欺负了，就一直想证明给孩子看。这都是一颗放逐外求的心，都是邪气，而非正气。正气之心，只关注好自己，让心满意，即自慊。

错误认知四：完美主义也会害死人。完美主义者，对

① 参考《论语新解》，钱穆著，九州出版社 2011 年版。

自己的期许很高，总看不上自己，这样的思维对演讲是很有害的。我的很多学生讲完后，下来问我“老师，我讲得怎么样”，我说“很好”，但他们总以为我在善意地鼓励他们。事实上，我说的是真心话，这类完美主义者就是庸人自扰之。当然，从长期来看，完美主义能让个人进步，也能推动社会进步。所以，我常说：“没有完美，只有更完美。不完美，才是完美。接受当下的不完美，期待未来的完美。”

错误认知五：怕出丑。事实上，人人都怕出丑，正如孟子所说“羞恶之心人皆有之”，但丑也要分情况来看——如果是为了讨好听众和刻意表现而出丑，那是活该；如果是真诚地表达而遭到别人的笑话，我们不应该和那些笑话自己的浅薄之人一般见识，也不应该用别人的无知来惩罚自己。

接下来，我再分享三个正确认识紧张的观点。

正确认知一：轻声对自己说，并请相信如下观点与信念——适度的紧张会让我显得更有亲和力，听众更喜欢这样的感觉。美国人曾做过这样一个调查，台上有三个演讲者，第一个演讲者讲得疙疙瘩瘩，相当紧张，其内容也缺乏专业性和深广度；第二位演讲者的内容很真诚，也很有深度，但他由于缺乏演讲技巧，整场演讲都显得很羞涩、紧张，甚至把演讲台上的咖啡都打洒了；第三个演讲者无论是内容还是形式都一气呵成，自信满满，甚至还带着一些优越感。主持人让现场观众投票，最喜欢哪个演讲者？意料之中的是，第一个首先被淘汰；意料之外的是，最受听众欢迎的不是第三个而是第二个。因为，第三位发挥得太出色了，以至于有傲视全场的感觉，这份自信已经上升到自负、优越和傲慢的程度了，让人讨厌。第二个演讲者很亲切，引起了听众的共鸣，听众心想，如果我上台能和第二位差不多就可以了，第二位演讲者成了听众的投影，人们当然喜欢自己了。所以，如果你确信你的演讲内容很好很真诚，你的紧张以及因紧张而产生的羞涩或许反而会给你加分。

正确认知二：轻声对自己说，并请相信如下观点与信念——适度的紧张会让我发挥得更好，适度的紧张会让我进入全神贯注的状态。在这种状态下，人的灵感往往会大量迸发，一些平时想不到的词句都会涌上心来，这些灵感迸发的词句都是真诚的而非刻意修饰的，能感染听众。在教学中，我会亲自听学生们的演讲，他们下来后问我讲得怎么样？我说“非常好”，学生们说，“我的演讲台词忘掉了很多，手心到现在还冒汗”，我说“手心出汗表示你紧张。因为紧张，所以忘掉了一部分台词；也因为紧张，你的演讲灵感大量迸发，出现了从未想到过的词句和观点；更因为紧张，你显得有些羞涩，反而让听众更喜欢你。所以，你的演讲整体来说，很棒”。

正确认知三：轻声对自己说，并请相信如下观点与信念——反正死不掉，有啥好紧张。这是一句极其感性的阿Q精神胜利法，但有些时候，却能给人毫无理由的力量。对啊，反正又死不掉，有什么大不了的呢？何必为一个演讲而整晚整晚地失眠呢？当这样思考的时候，紧张感反而会降低，人也会更释怀。

总而言之，紧张不是你一人独有的，要摒弃错误的认知观念，建立正确的认知心态，充分地准备、准备、再准备，练习、练习、再练习。一些钢琴演奏家都会这样激励自己："如果我一天不练琴，只有我自己知道；如果有两天不练琴，我的批评家们知道；可是如果我三天不练琴，我的观众就全知道了。"正确面对紧张——从战略上要藐视它，从战术上要重视它，从生理上要利用它，从心理上要驾驭它。

以上文字分享的是从宏观角度来克服演讲中的紧张情绪，如果你告诉我，你还是紧张，我送给你一个"重型原子弹"——演讲原稿。把演讲原稿打印好，装在口袋，告诉自己，没什么可怕的，实在讲不下去就读稿子，就这样吧，好好睡一觉，迎接明天的演讲。

明天的太阳准时升起，你整装待发，走进演讲现场。你还是有些紧张，心跳加速，呼吸急促，此时此刻，如何与自己对话呢？我建议，不要来得太早，更不要过早暴露自己，这样会失去神秘感。当然，也不要来得太迟，仓促上台，你将无法调整出最佳状态。一般而言，提前10~15分钟到达演讲现场，为了保持神秘感，最好从后台通道或贵宾通道进入会场，并且要做如下调整。

走时：务必要做到，目视前方，大步流星，昂首挺胸，面带微笑，这些动作有助于提前进入演讲状态。

动时：可以适度地运动，按摩太阳穴、额头、鼻子、腮帮、眉骨，用各种方法运动唇部肌肉，还可以模拟啃苹果、打哈欠，提示自己保持微笑。也可以稍微握紧拳头，再将十根指头充分张开，再握紧，再张开。还可以做扩胸运动、拉伸运动，轻轻地原地跳动或原地踏步，活动身上可以活动的关节和绷紧的肌肉。

坐时：要端坐在椅子上，尾骨紧贴在椅子最后面，让椅背托住整个身体，以获得最大的安全感。千万不要像商务礼仪教导的那样，坐在椅子的三分之一处，这样身体是悬空的，人会缺乏安全感而越发紧张。也可以微微地闭上眼睛，双手抱胸或将双手放在膝盖上，调整呼吸，慢吸慢吐，气息不必太深，正常即可。此时，可以将演讲框架再思考几遍，切忌太细。千万不要再看演讲原稿了，但可以拿出演讲提示卡扫描几遍，并把开场白多次在脑海中预演。

想时：冥想很重要，想象自己看到一幅非常成功的演讲画面，反复地对自己说五句箴言——我是最好的，我是最棒的，我喜欢我自己，我爱我自己，我一定会成功。此刻，还可以想想这个世界上最爱你的人和你最爱的人，生活中那些温暖的画面和美好的场景。脑海中还可以浮现壮观的大海、巍峨的山峰、高远的天空、花的色彩、孩子的脸和可爱的小动物……边想象边放松，让自己进入上台前的最佳状态。开始吧，正气少年！属于你的时刻即将来临，自信满满，大步挺胸，走上舞台！

第四节　建立自信

自信有两重意思：其一，相信自己，这一点在前面克服紧张的环节已经说过了，这种自我相信的吸引力法则很关键；其二，做好自己才能获得别人的信任。如何做好自己呢？我从四个方面来阐述，总结为三业一力：善业、学业、专业、毅力。这些内容在前面已零星讲过了，在此就当做个归纳和总结。

第一是善业。这里的善业是广义的，并非特指慈善捐赠。事实上，任何与人为善的行为都是善业。孝顺父母、扶老人过马路、为陌生人指路、帮助同学打扫卫生、进出电梯文明礼让、不采摘公园的花草，都是善业。这其实也是孟子所说的“亲亲、仁民、爱物”（孟子曰：“君子之于物也，爱之而弗仁；于民也，仁之而弗亲。亲亲而仁民，仁民而爱物。”），毛泽东也说过，“一个人做点好事并不难，难的是一辈子做好事，不做坏事，一贯地有益于广大群众，一贯地有益于青年……”

第二是学业。作为学生来说，提升学习成绩是天经地义的，从小学到初中、高中、大学、硕士、博士这些过程更是应该攀登的。虽然史蒂夫·乔布斯、比尔·盖茨都因辍学而成功，但这不足以仿效，他们属于个案，个案是没有代表性的，况且他们也是从世界顶级名校辍学的，至少表明他们拥有通往最高学府的能力。所以，我觉得少年们不能以这种个案作为自己不上学的借口。

第三是专业。表现在学习上就是学习成绩，表现在才艺上就是“手有绝活”，表现在未来的工作上就是职业表现力，表现在演讲上就是演讲的专业度。

第四是毅力。毅力几乎是成就所有事业的最基本条件，可以见到有毅力但未成功的人，但从未见过没毅力却成功的人。爱迪生通过上千次的实验才发明了灯泡；袁隆平对一万四千多株水稻做了配对，才取得成功；NBA篮球巨星科比·布莱恩特每天凌晨三四点的时候就到球馆去练习投篮，所以，他幽默地说“我总是第一个看到洛杉矶日出的人”，十多年如一日，这就是毅力。难怪孔子说：“刚毅木讷，近仁。”

第八章　操练

第一节 万能结构

还记得吗？上文中我讲到，即便是亲手写的讲稿，记忆力很好的年轻人在演讲时也容易忘词，因为，大多数人的演讲稿都是一个个美丽的珍珠杂乱无章地堆砌而成。接下来，我就详细地和大家分享演讲的万能结构。我相信无论你是少年、青年还是老年，无论你是出于政务、商务还是娱乐的目的，按照这个结构都能更顺利地完成演讲，最大化地减少忘词和断片的苦恼。

治大国若烹小鲜，从更宏观的维度来看待演讲，可将演讲分成三部分：演讲的开头、演讲的主体、演讲的结尾。这就类似于人的头、人的躯干、人的四肢；也类似于一首歌或一部电影的开头、主体和结尾；还类似于人一生的各个阶段，婴幼儿期是人生的开头，青中年期是人生的主体，老年期是人生的结尾；更类似于少年们写作文，开头怎么写，主体怎么写，结尾怎么写。所以，要是学会了演讲的万能结构，一定能提升语文成绩，尤其是写作能力。

演讲的万能结构＝万能开头＋万能主体＋万能结尾。

万能开头。包括五大模块——问候、自荐、感谢、提兴、引题。“问候、自荐、感谢”这三个模块很容易理解，我称之为演讲开头的“老三样”。对标新立异的人来说，认为老三样太古板。是的，就单个模块而言，确实有些古板，但结合起来就能产生很大的能量。研究表明，人在上台时，前10~30秒是最紧张的，如果能用固定的模式完成这10~30秒，不就能很好地缓解紧张吗？而“问候、自荐、感谢”这三个模块刚好能用完开头的10~30秒。如果你一定要说这三个模块是固化甚至是僵化的，我也同意，但是接下来的“提兴”模块就是海阔凭鱼跃，天高任鸟飞了，你要真有才华，完全可以在这个模块中自由发挥。

接下来，我提供五种任你在“提兴”模块自由飞跃的方法——提问法、引用法、事实法、故事法和道具法，通过这五种方法中的一种或几种组合自然而然地引出主题，所以，第五个模块就是“引题”。这五个模块一旦到了智者手里，就能变成一段段优美又大方的演讲开头，正如世界上虽然只有七个音符，却能谱写出人间最美妙的天籁之音。

下面我给大家分享一个名叫“正气少年”的三年级同学的演讲稿，以便让大家理解“万能开头”的五大模块。

尊敬的老师，亲爱的同学们，大家上午好。【问候】我是三（六）班的学生，同学们都叫我正气少年。【自荐】今天非常感谢老师和同学们的信任，推举我来这里演讲。【感谢】在演讲之前，我想给大家朗诵文天祥《正气歌》中的一段诗句——天地有正气，杂然赋流形。下则为河岳，上则为日星。于人曰浩然，沛乎塞苍冥。皇路当清夷，含和吐明庭。时穷节乃见，一一垂丹青。【提兴】我今天演讲的主题是“做正气少年”。【引题】

万能主体。包括两个模块——宏观展示、分点阐述。“宏观展示”有些类似于书的目录，又像旅游景区的全景图；“分点阐述”有些类似于书的章节内容，也类似于景区的具体景点，又类似于写作文时的论据。

大道理不多说，还是以上面那位叫“正气少年”的演讲为例继续往下写——

说到正气少年，我脑海中浮现出两个画面，第一个关于“正气”，第二个关于“少年”，所以我就从这两个方面来讲讲今天的话题。【宏观展示】

我先讲第一点——正气。说到正气，我自然想到孟子的浩然正气，这是一种至大至刚的气，这种气充塞于天地之间，也就是文天祥所说的“天地有正气”。如何去培养这种正气呢？首先要和有正气的人在一起。比方说，我要感谢我的妈妈给我报名学习“少年正气说——演讲口才”班，这个学习班不但能培养演讲能力和口才，更重要的是培养了我的正气。老师们都很有爱心，个个朝气蓬勃，充满正气。我们不仅有室内课堂，还有室外课堂，我们到湖边、海边、山上去演讲，我们的声音和湖泊、大海、高山融为一体，我们每位同学都能响彻云霄地背出《少年正气说》里面的两段经典台词。第一段是：“我们是正气少年，我们有少年正气，我们说：少年是歌，唱生命正气；正气是德，以德立未来；未来是诗，诗里有浩然；浩然是气，天地有正气。”第二段是：“我们是正气少年，我们有少年正气；我们不说假话，我们敢说真话。我们是正气少年，我们有少年正气；我们说‘天地有正气，杂然赋流形。下则为河岳，上则为日星’。我们是正气少年，我们有少年正气；我们说‘立天下之正位，行天下之大道’。我们是正气少年，我们有少年正气；我们说‘不要人夸颜色好，只留清气满乾坤’。”【分点阐述一】

接下来我说第二点——少年。什么是少年？我认为少年不仅仅是一个年龄的概念，少年更是一个人的精神状态；有的人12岁却像2岁一样的幼稚，这不是少年，而是少年幼稚；有的人12岁却像42岁一样的圆滑，这也不是少年，而是少年老成。我不喜欢少年老成的少年，有点像中年闰土，老气横秋的；我也不喜欢少年幼稚的少年，永远长不大，永远是温室里的花朵，不堪一击。少年应该是朝气蓬勃的，如东升的日出，如奔腾的河流，正如梁启超先生在《少年中国说》中所说的："红日初升，其道大光；河出伏流，一泻汪洋；潜龙腾渊，鳞爪飞扬；乳虎啸谷，百兽震惶；鹰隼试翼，风尘翕张；奇花初胎，矞矞皇皇；干将发硎，有作其芒；天戴其苍，地履其黄；纵有千古，横有八荒；前途似海，来日方长。美哉，我少年中国，与天不老！壮哉，我中国少年，与国无疆！"这才是我心目中的少年。【分点阐述二】

万能结尾。包括四个模块——落幕、总结、呼吁、致谢。一般而言，人的注意力只有三五分钟，刚开始的时候，听众还听得挺认真，几分钟之后就开小差了。事实上，很多演讲者的演讲主体部分，是没有被听众听进去的，就算听进去了也未必能理解。所以，在演讲结尾的时候，演讲者需要通过一个强烈的信号（包括语调、语速、音量、肢体、文字等信息）告诉听众，我的演讲快要结束了，潜台词就是你们该集中注意力了。而这个包括语调、语速、音量、肢体和文字在内的信号就是“落幕”，通过落幕，听众的注意力又集中回来，此刻要尽快总结本次演讲的核心观点，以便让刚才开小差的听众通过总结了解你的观点，这是“总结”的第一个价值。另外，很多时候演讲者讲着讲着自己也犯糊涂了，听众就更糊涂了，此时也可以通过总结把自己发散的语言抓回来，可以用如下台词：“好，各位！我的演讲快要结束了，今天啰里啰唆说了这么多，有些跑题，其实只有三点……”这就是“总结”的第二个价值。总结完之后，要迅速且旗帜鲜明地提出你的希望，这就是“呼吁”。最后是“致谢”，这是最基本的礼貌和修养。

解释就说到这里，下面还是以刚才那位叫“正气少年”的演讲为例继续往下写——

好！敬爱的老师和亲爱的同学们，今天我的演讲基本就要结束了。【落幕】总结一下刚才我说的两点：第一，做一个真正的少年；第二，做一个有正气的少年。【总结】我希望所有的中国少年都能向孟子的浩然正气致敬，向文天祥的天地正气致敬，向顾炎武的天下兴亡匹夫有责之正气致敬，好好学习，努力成人，点亮自己，点亮社会，点亮祖国。【呼吁】谢谢大家。【致谢】

我的孩子在牙牙学语时，我就用这个“万能结构”教他，虽然孩子什么也不懂，但这是我与他交流的一种方式。我把大概的台词写下来，一来与有缘的父母分享，二来也希望大家去找找“万能结构”中11个模块的位置。

大家好，我是马宇轩，很高兴为大家演讲。在我演讲之前，我给大家背两句孟子的话，孟子说“亲亲而仁民，仁民而爱物”，所以，今天我的演讲主题就是“亲亲、仁民、爱物”。关于这个主题，我要讲三点：第一，亲亲；第二，仁民；第三，爱物。首先我讲第一点，亲亲，就是孝顺父母，亲爱家里的兄弟姐妹，所以，我爱爸爸妈妈，我爱爷爷奶奶，我爱哥哥姐姐；接下来我讲第二点，仁民，就是与人为善，有好吃的好玩的要和小朋友们分享，不抢小朋友们的东西，看到长辈要主动和他们打招呼“叔叔好，伯伯好，阿姨好，爷爷好，奶奶好……”；最后我讲第三点：爱物，就是爱惜物品，不摔玩具，不摘路边的花草，不踩小虫子，它们也会疼的。好了，我今天的演讲就快要结束了。我一共说了三点：亲亲、仁民、爱物。我希望小朋友们都能做一个好宝宝，点亮自己，点亮家人，点亮社会。谢谢大家！

第二节　说话逻辑

接下来，和大家分享“即兴口才”的经验。如果说主题演讲给演讲者留下了足够的时间准备，短则一两天，长则一两周，甚至更长，那么，即兴演讲则考验人的瞬间反应能力，因为即兴演讲留给演讲者的准备时间往往只有一两分钟，甚至没有任何准备时间，让人措手不及。在这种情况下，光肚子里有货是不行的，必须要有方法才能渡过难关。

我将“即兴口才”总结成简单的三部曲——开头，致谢赞美讲套话；主体，张口闭口说两点；结尾，落幕之后加呼吁。事实上，张口闭口说两点就是上一节“万能主体”中的“宏观展示和分点阐述”，结尾的“落幕、呼吁”也是“万能结尾”中的模块。所以，如果把由11个模块构成的演讲“万能结构”比喻成装备齐全的坦克，那么“即兴口才三部曲”就是可以穿山越岭的高性能SUV轿车。

所谓“致谢赞美”这类的套话，有三个目的：致谢是为了在公开场合表示礼貌，这是其一；任何人都喜欢真诚的赞美，当别人在你真诚的赞美中得到喜悦感，他会更愿意相信你接下来的表达，即便你说得不是太好，人们也更容易原谅你，这是其二；如果能够控制好语速，从致谢到赞美至少花费5~8秒时间，这个时间刚好可以用于组织要讲的主体内容，即“张口闭口说两点”的部分，这是其三。

接下来，我详细阐述这个神奇的“张口闭口说两点”，如何瞬间找出两点？有没有什么逻辑模板呢？经过我多年的教学实践，我发现，两点之间是有逻辑结构的。常用的逻辑结构有五种，分别是并列逻辑、正反逻辑、时空逻辑、变焦逻辑、递进逻辑。在即兴口才中，这五种逻辑往往能给演讲者带来巨大的帮助，能够让演讲者瞬间组织语言，脱口而出。学会了这五个逻辑结构，无论是演讲、辩论还是写文章，都会更加得心应手。

并列逻辑。所表达的两个论点，没有先后次序之分，就像两个人并肩走路一样，谁在左边谁在右边都无明显差别。一般而言，表达的对象无外乎三大类——人、事、物。事实上，事的主体要么是人，要么是物，所以，常见的表达对象之主体只有两个——人与物。面对人，并列逻辑的模板是“态度＋能力”；面对物，并列逻辑的模板是“硬件＋软件”。

我们还是以上面三年级的“正气少年”为例，如果老师让他用“并列逻辑”对“我的学校”这个主题做即兴演讲，怎么办呢？

我们分析一下，“我的学校”是物，于是可以套用“硬件＋软件”模板，结合“即兴口才三部曲”，我们就可以很快造出这样的“SUV”——

非常感谢老师给我出的演讲题目，我们的老师最爱学校了，我也要像老师一样爱学校的一草一木。【开头：致谢赞美讲套话】关于“我的学校”这个话题，我想说两点。第一，我想说说学校的硬件。我们学校的硬件非常好，尤其是安全措施。比方说，我们的塑胶跑道很柔软也很有摩擦力，每当我跑步的时候，心里都非常踏实，有一次摔倒了，也不觉得疼；再比方说，我们学校还有一个小鱼塘，鱼塘边堆砌着太湖石，漏透瘦皱，非常美。接下来，我说第二点，学校的软件，说到软件就是学校的文化了，最让我喜欢的就是来自《论语》中的“己欲立而立人，己欲达而达人”，这句话已经深深影响了同学们。比方说，有一次我的同桌顺朴同学看到我数学题不会做，就主动辅导我，还告诉我他是怎么学数学的，从那以后，我的数学成绩也提高了，我深深地感受到顺朴同学对我所做的一切就是“己欲立而立人，己欲达而达人”。【主体：张口闭口说两点】所以，综上所述，我爱我的学校，我希望所有的同学们都能做一个德智体美劳全面发展的正气少年，点亮自己，点亮学校，点亮祖国。【结尾：落幕之后加呼吁】

《论语》《孟子》中有很多采用并列逻辑而作的章句，我摘抄如下，一方面助大家理解并列逻辑，另一方面也希望有缘的家长和少年们反复诵读，培养正气之根和口才之叶。

子曰："老者安之，朋友信之，少者怀之。"

子曰："学而不思则罔，思而不学则殆。"

子曰："君子和而不同，小人同而不和。"

子曰："君子坦荡荡，小人长戚戚。"

子曰："君子求诸己，小人求诸人。"

子曰："君子周而不比，小人比而不周。"

孔子曰："言未及之而言谓之躁，言及之而不言谓之隐，未见颜色而言谓之瞽。"

孟子曰："可以取，可以无取，取伤廉；可以与，可以无与，与伤惠；可以死，可以无死，死伤勇。"

孟子曰："从其大体为大人，从其小体为小人。"

孟子曰："鸡鸣而起，孳孳为善者，舜之徒也；鸡鸣而起，孳孳为利者，跖之徒也。"

正反逻辑。先从正面说说，再从反面说说，最后再得出结论，如此说话会给人客观的感觉。这种从正反两面说话的思维，并不是为了讨好而不得罪人，而是从客观事实层面分析问题，不至于失之偏颇。“正反逻辑”的模板是“从正面看＋从反面看”，或“从积极的方面看＋从消极的方面看”，或“从好的方面看＋从坏的方面看”。

我们还是以上面三年级的“正气少年”同学为例，如果老师让他用“正反逻辑”对“如何看待在公共场合禁烟”的话题做即兴演讲，结合“即兴口才三部曲”，我们就可以很快造出这样的“SUV”——

非常感谢老师给我出的演讲题目，我们的老师不抽烟，身上总是香香的，我也要像老师一样，做一个不抽烟的男子汉。【开头：致谢赞美讲套话】关于“如何看待在公共场合禁烟”这个话题，我有两个观点。第一，从正面说，我非常支持在公共场合禁烟，因为，这样就能保护不吸烟人的健康，也保护了环境的健康，值得提倡。比方说，我们学校就禁止抽烟，看不到一个烟蒂；再比方说，我家里也不允许抽烟，即便是来客人，也不能在家里抽烟，客人们也都能理解。第二，从反面来说，在公众场合禁烟会让大烟民们无所适从，这也是一个不能回避的现实，毕竟抽烟是个人的自由。比方说，我的爷爷就喜欢抽烟。爸爸妈妈说他，爷爷也不听。爷爷说，我就这一个爱好，如果戒掉了，生活就没乐趣了。看爷爷一辈子这么辛苦，如果把烟戒掉他会不快乐的，我也能理解爷爷。【主体：张口闭口说两点】所以，综上所述，我支持在公众场合禁烟，但不能简单地说所有的公共场合都禁烟，而要从更实际的状况来看待这个问题，包括：什么类型的公共场合必须全面禁烟，什么类型的公共场合划分出吸烟区域，不能一概而论。我希望每位香烟爱好者都能爱护自己的身体，更能爱护别人的身体和公共环境的健康。【结尾：落幕之后加呼吁】

《论语》《孟子》以及中国古代其他名言警句中也有很多采用正反逻辑而作的章句，我摘抄如下，一方面助大家理解正反逻辑，另一方面也希望有缘的家长和少年们反复诵读，培养正气之根和口才之叶。

子曰："见贤思齐焉，见不贤而内自省也。"

孟子曰："非其道，则一箪食不可受于人；如其道，则舜受尧之天下，不以为泰。"

孟子曰："苟得其养，无物不长；苟失其养，无物不消。"

孟子曰："人知之，亦嚣嚣；人不知，亦嚣嚣。"

孟子曰："有伊尹之志，则可；无伊尹之志，则篡也。"

孟子曰："仁者以其所爱及其所不爱，不仁者以其所不爱及其所爱。"

孟子曰："天下有道，以道殉身；天下无道，以身殉道。"

《荀子·王制》："《传》曰：'……水则载舟，水则覆舟。'"

林则徐说："子孙若如我，留钱做什么？贤而多财，则损其志；子孙不如我，留钱做什么？愚而多财，益增其过。"

时空逻辑。先从过去说说，再从现在说说，最后得出结论，这是时间逻辑；先从北京说说，再从上海说说，最后得出结论，这是空间逻辑：合而言之叫"时空逻辑"。这种表达方式，会给人很博学的感觉，当然如果演讲者未行过万里路，也未读过万卷书，是很难用时空逻辑的。事实上，很多小说就是这样写的，不少电影就是这样拍的，诗歌散文大多都用"时空逻辑"的手法。"时空逻辑"的模板是，"从过去来看＋从现在来看"，"就XXX地方来说＋就YYY地方来说"。

变焦逻辑。先从小的方面说说，再从大的方面说说，最后得出结论；也可以先从大的方面说说，再从小的方面说说，最后得出结论。这种说话方式给人层次分明的感觉，就像照相时用近镜头和远镜头一样，有全景，有特写。“变焦逻辑”的模板是：“从小的方面说＋从大的方面说”，或“从宏观层面说＋从微观层面说”，或“从个人和家庭层面说＋从国家层面说”。

这里，我用美国总统林肯非常著名的一次演讲，来讲解“时空逻辑”和“变焦逻辑”。这篇演讲叫作“葛底斯堡演说”，我将全文摘抄如下，希望大家能看懂哪个部分采用的是时空逻辑，哪个部分采用的是变焦逻辑。

87年以前，我们的祖先在这块大陆上创立了一个孕育于自由的新国家，他们主张人人生而平等，并为此而献身。【时空逻辑的过去】

现在我们正进行一场伟大的内战，这是一场检验这一国家或者任何一个像我们这样孕育于自由并信守其主张的国家是否能长久存在的战争。我们聚集在这场战争中一个伟大的战场上，将这个战场上的一块土地奉献给那些在此地为了这个国家的生存而牺牲了自己生命的人，作为他们的最终安息之所。我们这样做是完全适当和正确的。【时空逻辑的现在】【时空逻辑的过去和现在共同构成了变焦逻辑的小的层面】

可是，从更广的意义上说，我们并不能奉献这块土地，我们不能使之神圣，我们也不能使之光荣。因为那些在此地奋战过的勇士们，不论是还活着的或是已死去的，已经使这块土地变得神圣了，远非我们微薄的力量所能予以增减的。世人将不大会注意，更不会长久记住我们在这里所说的话，然而，他们将永远不会忘记这些勇士们在这里所做的事。相反地，我们活着的人，应该献身于勇士们未竟的工作，那些曾在此战斗过的人们已经把这项工作英勇地向前推进了。我们应该献身于留在我们面前的伟大任务，由于他们的光荣牺牲，我们会更加献身于他们为之奉献了最后一切的事业；我们要下定决心使那些死去的人不致白白牺牲，我们要使这个国家在上帝的庇佑下，获得自由的新生；我们要使这个民有、民治、民享的政府不致从地球上消失。【变焦逻辑的大的层面，演讲也由此升华到一定的高度】

这个案例采用的是典型的逻辑嵌套。这才只是两个逻辑的嵌套，就能写出如此美好的演讲稿，如果能有三四个逻辑合理的相互嵌套，智者们定能组织出精彩纷呈的演讲篇章，就像中国古代“宫商角徵羽”的五音符能编排出“此曲只应天上有，人间能得几回闻”的音乐境界。

《论语》《孟子》中有很多使用时空逻辑和变焦逻辑

方式行文的章句，我摘抄如下，一方面帮助大家理解时空逻辑，另一方面也希望有缘的家长和少年们反复诵读，培养正气之根和口才之叶。

子曰："吾十有五而志于学，三十而立，四十而不惑，五十而知天命，六十而耳顺，七十而从心所欲，不逾矩。"

子曰："弟子入则孝，出则弟，谨而信，泛爱众，而亲仁。"

孟子曰："古之为关也，将以御暴；今之为关也，将以为暴。"

孟子曰："古之人修其天爵，而人爵从之。今之人修其天爵，以要人爵；既得人爵，而弃其天爵。"

胡景晖在《我们爱你啊，中国》中写道：当灿烂的太阳跳出东海的碧波，帕米尔高原依然是群星闪烁；当北国还是银装素裹的世界，南疆早已洋溢着盎然的春色。啊，我们爱你，中国！我们爱你——桂林山水的清奇俊秀，杭州西湖的浓妆淡抹；黄山、庐山的云雾飘渺，长江、黄河的波澜壮阔。

以上文字全部按照时空逻辑而作，唐朝诗人崔护的《题都城南庄》用的也是时空逻辑，请欣赏："去年今日此门中，人面桃花相映红；人面不知何处去，桃花依旧笑春风。”

著名诗人余光中先生的《乡愁》用的也是时空逻辑，请欣赏：“小时候，乡愁是一枚小小的邮票，我在这头，母亲在那头；长大后，乡愁是一张窄窄的船票，我在这头，新娘在那头；后来啊，乡愁是一方矮矮的坟墓，我在外头，母亲在里头；而现在，乡愁是一湾浅浅的海峡，我在这头，大陆在那头。”

接下来摘抄一些使用变焦逻辑而作的句子，供大家体会。

子曰：“近者说，远者来。”

子夏曰：“君子有三变：望之俨然，即之也温，听其言也厉。”

孟子曰：“民为贵，社稷次之，君为轻。”

孟子曰：“可欲之谓善，有诸己之谓信。充实之谓美，充实而有光辉之谓大，大而化之之谓圣，圣而不可知之之谓神。”

孟子曰：“天下之本在国，国之本在家，家之本在身。”

《礼记·大学》上说：古之欲明明德于天下者，先治其国；欲治其国者，先齐其家；欲齐其家者，先修其身；欲修其身者，先正其心；欲正其心者，先诚其意；欲诚其意者，先致其知。致知在格物，物格而后知至，知至而后意诚，意诚而后心正，心正而后身修，身修而后家齐，家齐而后国治，国治而后天下平。

辛弃疾写道：众里寻他千百度，蓦然回首，那人却在灯火阑珊处。

顾宪成写道：家事国事天下事，事事关心。

毛泽东说：战略上要藐视敌人，战术上要重视敌人。

递进逻辑。分成因果递进、情感递进和实虚递进。因果递进的两句话之间有明显的因果关系；情感递进的两句话之间就像后浪推前浪，能明显感受到情感的迸发；实虚递进则是前一句话是实（记述文），后一句话是虚（议论文）。写作文如果都是记叙文，那就是记流水账，没有画龙点睛的部分是得不到高分的，相反，如果全篇都是大道理而没有记叙的部分，则是空话连篇。事实上，“主体：张口闭口说两点”的部分基本上都是以实为主，而“结尾：落幕之后加呼吁”的部分基本上都是以虚为主。

《论语》《孟子》以及古今中外其他名言警句中还有很多采用递进逻辑的方式行文的章句，我摘抄如下，一方面助大家理解递进逻辑，另一方面也希望有缘的家长和少年们反复诵读，培养正气之根和口才之叶。

子曰："人无远虑，必有近忧。"

子曰："群居终日，言不及义，好行小慧，难矣哉！"

子曰："野哉，由也！君子于其所不知，盖阙如也。名不正，则言不顺；言不顺，则事不成。"

孟子曰："君子之于禽兽也，见其生，不忍见其死，闻其声，不忍食其肉。是以君子远庖厨也。"

孟子曰："挟太山以超北海，语人曰'我不能'，是诚不能也。为长者折枝，语人曰'我不能'，是不为也，非不能也。故王之不王，非挟太山以超北海之类也；王之不王，是折枝之类也。"

毛泽东说：世界是你们的，也是我们的，但是归根结底是你们的。你们青年人朝气蓬勃，正在兴旺时期，好像早晨八九点钟的太阳，希望寄托在你们身上。

鲁迅先生说：真的猛士，敢于直面惨淡的人生，敢于正视淋漓的鲜血。

莎士比亚说：书籍是全世界的营养品。生活里没有书籍，就好像没有阳光；智慧里没有书籍，就好像鸟儿没有翅膀。

康德说：我是孤独的，我是自由的，我就是自己的帝王。

关于如何使用递进逻辑，我提供三个实用性很强的模板，第一个是“是啥＋为啥＋怎么做”，第二个是“物美＋畅销＋利润好”，第三个是“感谢＋希望＋祝福”。

递进逻辑模板一：“是啥＋为啥＋怎么做”，是认识世界的三个层次，有人只知道“是啥——这是什么”，有人还知道“为啥——为什么会是这样的”，更厉害的人会知道“怎么做”。

举例来说，如果你是家长，且从未接触过我的书和我们的课程，我要向你们介绍“少年正气说——演讲口才”课程，希望你带着孩子加入我们，我会这样演讲：

尊敬的家长，亲爱的少年们，大家好：

很荣幸有机会在这里和大家分享一个能让父母和孩子们共同成长的课程“少年正气说——演讲口才”。关于这个课程，我说三点：第一，“少年正气说——演讲口才”是一个什么样的课程；第二，我们为什么要开设“少年正气说——演讲口才”课程；第三，你们怎样加入“少年正气说——演讲口才”学习班。

我先从第一点开始说，“少年正气说——演讲口才”是一个旨在培养孩子正气的课程，我们相信拥有正气的孩子学习演讲是很快的，所以，我们在课程中加入了《论语》《孟子》《大学》这样的儒家经典，借此来增加孩子们的正气。

同时，我们还免费开设父母课堂，让父母跟着学习“百日论语”，孩子和父母共同学习、共同成长，久而久之整个家庭环境就会充满正气。所以，“少年正气说——演讲口才”首先是一个养正养气养志的终身学习平台，其次是一个演讲与口才的学习平台。

接下来我谈第二点，我们为什么要开设“少年正气说——演讲口才”学习平台？当今中国，学校采取填鸭式的灌输教育和以考试为导向的高分教育，孩子们在这样的学习环境中，都成了考试机器。请父母们想象一下，一个没有志向、没有正气的孩子就算考上了全国乃至世界名校，于家庭和社会又有什么意义呢？另外，我们发现不是孩子不爱学习，而是家长不爱学习，我们希望通过孩子学习反过来带动家长学习，帮助有缘走进“少年正气说——演讲口才”课程的家庭变成学习型家庭，是一件非常有意义的事情。

最后，我来说说第三点，你们怎样加入“少年正气说——演讲口才”学习班？很简单，只要关注“少年正气说——演讲口才”微信公众号，联系所在城市的教学中心即可，我们在周一和周五晚上及周六周日全天开课，每周一次，每次1.5小时，寒暑假我们也开设连续一周的冬令营、夏令营及短训班。

我相信，参加“少年正气说——演讲口才”课程的孩子们，一定能用正气和演讲点亮自己，点亮家庭，点亮社会。

这篇演讲，我用的就是“是啥＋为啥＋怎么做”模板，家长们，少年们，你们看懂了吗?

递进逻辑模板二：“物美＋畅销＋利润好”，这个逻辑适合运用于商务合作。如果你是孩子的家长，觉得这个项目好，想创业，“少年正气说”项目的版权拥有者北京少年正气教育科技有限公司愿意与你合作；如果你本来就在做青少年培训，对我们项目有兴趣，“少年正气说”项目也愿意和你合作。虽然这是一个美好的项目，但毕竟是商业项目，你也要做风险评估。接下来，我们要举的第二个例子，就以此来展示“物美＋畅销＋利润好”，如果能遇见有缘的你，岂不是一举两得吗?

尊敬的家长和从事青少年教育培训事业的朋友们：

大家好！很荣幸有机会在这里和大家分享一个能洗涤灵魂并有收益的培训项目——“少年正气说——演讲口才”。关于这个项目，我从三个方面论证：

第一点，这是一个好项目，理由如下：首先，当你读完我的这本同名书《少年正气说——演讲口才》之后，如果觉得不满意，我们就不要往下谈了，因为这本书就是我们课程的教材；其次，如果你觉得我的这本书真诚实用，欢迎你到我们的任何教学点去感受我们的教学质量，我们的老师优先选择全国“985”“211”院校师范专业、播音主持专业的毕业生，经过我们30天的严格训练才能持证上岗，可以确保教学的质量。如果你觉得以上理由都能打动你，就说明这个项目没问题了。

接下来，请跟着我的文字看第二点，这是一个利好的项目，理由如下：我们拥有强大的微信公众平台运营能力和内容吸粉能力，里面有“论语”“孟子”的学习科目，有诗歌朗诵的学习科目，有普通话的学习科目，我们会聘请包括中央电视台、中央人民广播电台的播音主持人，他们会教大家朗诵诗歌、学习普通话，这一切的资源都由“少年正气说——演讲口才”总部免费提供给各分支机构使用，我们还会给家长提供线下的辅导课程“修身齐家教孩子”，让家长通过修身，更好地教育孩子。我们相信这些线上和线下的活动一定能让我们的学生产生很高的忠诚度，因为，人心换人心，我对人性有信心。

最后，我谈第三点：义之与比。我们在创设“少年正气说——演讲口才”项目时，就希望做良心教育，做不被利益绑架的教育，做让大多数家庭都能学得起的课程，这是我们在任何时候都不会也不能忘记的初心。所以，如果你认同我们的项目，认同我们的服务能力，认同我们的价值观，欢迎洽谈合作，我们一起用正气和演讲点亮自己，点亮少年，点亮家庭，点亮社会。

这篇演讲，我用的就是“物美＋畅销＋利润好”模板，家长们，少年们，你们看懂了吗？

递进逻辑模板三：“感谢＋希望＋祝福”，这个模板几乎是一个万金油，尤其适合于两三分钟短演讲。各位家长，如果你的正气少年长成了正气青年，要结婚了，你作为父母要在孩子的婚礼上讲话，就可以用这个模板来组织演讲台词。

尊敬的各位亲戚、同事、战友、朋友，女士们、先生们：

大家好！我非常感谢大家能在百忙之中抽时间来到我孩子的婚礼现场。

此刻我非常感动，也非常激动，我想对台上的这对小夫妻说两点希望。第一个希望是尊重，人和人之间最大的也是最重要的相处之道就是尊重，尊重对方的人格，尊重对方的审美，尊重对方的兴趣，尊重对方的时间，尊重对方的意愿，尊重对方的过去，尊重对方的隐私。你们彼此要相爱，但不是占有，你们都是思想自由和人格独立的人，在尊重中互补，在尊重中帮扶，在尊重中成长，在尊重中建立幸福和谐的家庭。

我的第二个希望是包容，爱情的火花光芒万丈，生活的流水平淡无奇，在柴米油盐酱醋茶的岁月中，人难免会犯错，这时候就要想着包容。当然，两个孩子也不要因为是夫妻了，就可以肆无忌惮，乱开玩笑，误会往往就在这样的“恶小”中慢慢积累，以至于积重难返。

最后，我想借助大家的掌声祝福两个孩子，祝福他们和和美美、百年好合。

这篇演讲，我用的就是“感谢＋希望＋祝福”模板，家长们，少年们，你们看懂了吗？

第三节　演讲气场

人的演讲气场由与生俱来的气质、实力、内容、声音和肢体共同构成，与生俱来的气质和实力在前面章节已阐述过，演讲内容在上两节也已花大量篇幅讲过，在这里我专门对声音和肢体语言做一些分享。

演讲气场——声音

声音是人的第二张名片，很多时候，都是未见其人但闻其声。比方说，在电话中，只能传递声音信息，毫无疑问，一个悦耳的声音更能获得别人的好感和信任，我们是否经常会被朗诵者、配音员的声音所折服呢？

声音是一个大的概念，语调（第一声调、第二声调、第三声调、第四声调）、语速（快速、慢速、中速、中速偏快、中速偏慢）、重音（对某些字、词、句加重音量）、拖音、连读、停顿共同塑造出声音的整体状态，并构成演讲者独一无二的声音状态。

亚里士多德在《修辞学》中说："什么时候说得响亮，什么时候说得柔和，或者介于两者之间；什么时候说得高，什么时候说得低，或者不高不低……这都是关系到演讲成败的关键问题。"

我们承认，好声音是有先天条件的，但后天训练也是不容忽视的，接下来，我和大家分享练就好声音的一些方法。

好声音的八字真经：稍大、有力、稍慢、停顿。这八个字共同构成了好声音的必备条件。

首先来谈谈声音的"稍大"和"有力"。有人说话声音很小，也缺乏有力的爆发力，导致这些方面的因素很多：第一，遗传因素，这与性格、气质有关；第二，自信度不够，缺乏演讲的状态；第三，口腔空间、声带、气息、嘴巴开合度以及唇齿的配合度都可能会导致声音小且缺乏力量。接下来，我会专门讲解第三点。

先请大家训练一下这段文字，主要训练稍大的发声：我绝不考虑失败，我的字典里不再有放弃、不可能、办不到、没法子、成问题、失败、行不通、没希望、退缩……这类愚蠢的字眼。我要尽量避免绝望，一旦受到它的威胁，立即想方设法向它挑战。我要辛勤耕耘，忍受苦楚。我放眼未来，勇往直前，不再理会脚下的障碍。我坚信，沙漠尽头必是绿洲。我会坚持不懈，直到成功。

再请大家体会一下爆发、有力的感觉：

我正在学演讲——表明我在学演讲，强调的是学习主体；

我**正在**学演讲——表明我现在正在学演讲，强调的是时间；

我正在学**演讲**——表明学习的方向，强调的是内容。

接下来，我谈谈语速稍慢的话题。改革开放40年，是物质高速发展的40年，人们的工作生活节奏非常快，匆匆忙忙地吃饭，匆匆忙忙地赶路，身上有好几个手机，一边发信息一边打电话，总之一切都处于浮躁的快节奏状态中。在这样的环境中，我发现人们说话的语速也普遍很快，很少出现你说我听、轻言细语的安详状态，大多数时候都是抢着说、打断说，用命令式、要求式或指责式的说话方式。父母们反躬自省一下，我们对孩子是不是这样的呢？这种类似于吵架式的家庭沟通环境，很容易就会把孩子变成浮躁的“快人”。

人站在舞台上，紧张感自然而然就生发出来了，表现在嘴巴上，就是说话语速变快，甚至像机关枪一样扫射，恨不得讲完后马上下台。这样快的语速会带来很多问题——咬字不清、吃字、发音不完整、普通话不标准。所以，看演讲者是否自信不是看他的演讲多流畅，多一气呵成，而是看他的语速是否能慢下来。如果演讲者能做到“慢而不散”——场面并没有因此而散漫，一切都在掌控中，这就是成功的演讲。

初级演讲者的语速都容易快，只有从容不迫的演讲者才能把语速控制住。这就类似于骑车，初学自行车的人，速度必须要快，稍慢一点车就倒了；刚拿到驾照的人，开车也是很快的，开着开着，时速达到了130、140码。其实，这都是紧张的表现。所以，在舞台上，演讲者一定要控制语速，边讲边想，边想边讲，让语速慢下来。这有很多好处：第一，从容不迫的语速会让听众感觉你是想出来的，而很快的说话速度会让人感觉你在背稿子，显得不专业；第二，放慢语速不容易出错，就像开车一样，大多数车祸都是速度快引起的；第三，放慢语速，给听众留有思考消化的时间。如果语速太快，一来听不清楚，二来无法理解演讲者的内容，更无从认同。一般而言，讲者的语速在200~250字/分钟，低于200字/分钟的语速会给人沉闷的感觉，但若是你拥有巨大的能量，你甚至可以达到150字/分钟。通常，建议保持超过200字/分钟，但不建议超过250字/分钟。对于大多数人来说，超过250字/分钟的速度，都会吐字不清。当然对于播音员来说，就不在话下了，他们甚至可以达到300字/分钟的速度。了解速度之后，就可以根据演讲时间准备相应的演讲稿，做到心中有数。

最后来说说停顿。可以说，停顿是演讲中最重要的技巧，分为大停顿、中停顿和小停顿。到底停顿多久才是大停顿、小停顿和中停顿，我们不要妄下结论，要依据当时的演讲感觉而定。停顿技巧一般只有比较成熟的演讲者才能使用，很多演讲者根本无法忍受场面一片寂静的感觉，这对他们来说无疑是崩溃性的。然而，寂静有主动寂静和被动寂静，被动寂静是令人沮丧的，而停顿所引发的主动寂静却是一种高超的演讲技术，主动寂静的演讲是演讲者与听众心在互动的结果。甚至有人说，停顿是演讲之父，没有停顿就不叫演讲。所有的演讲高手都善于停顿，看一个演讲者是否自信，就看他是否敢停顿，停而不断，这才是境界。

总体而言，演讲中的停顿有如下好处：第一，停顿能使演讲者的思想在最后释放之前积蓄力量；第二，停顿能使听众做好准备来接受你即将要讲的信息；第三，停顿能创造有效的悬念；第四，在讲完一个重要思想后，停顿可以为它深入人心留出时间，引发更深的共鸣；第五，停顿能制造主动的寂静，能唤醒那些不认真听演讲的人，能重新聚集听众的注意力；第六，停顿是非常自信的表现，能让演讲者重新获得能量。

我们来看一个案例分析。某公司在一次新品耳塞发布会上营造出戏剧般的停顿效果，演讲开始前，主办方将窗帘拉得严严实实，打开明亮的灯光，用喧闹的音乐做背景，氛围让大家有些嗨，有些烦躁。突然，激烈的音乐和所有的灯光都戛然而止，场面一片寂静和黑暗，随后又陷入混乱。几秒钟后，舞台聚光灯打开，演讲者左手拿着麦克风，右手放在嘴边，连续发出“嘘——嘘——”的声音，示意大家不要出声，他轻手轻脚地从舞台右侧移动到舞台中央，定住脚步，身体前倾，用右边的耳朵做出努力聆听却听不到任何声音的样子，这个动作停顿了五秒钟，台下的观众惊呆了，不知道这是在干什么。主持人示意工作人员把灯光慢慢调到最暗，用缓慢的声音问道：“如果夜晚也能拥有这样的宁静，你们说好吗？”（演讲者停顿）下面有人带头鼓掌，紧接着掌声一片，人们好像被催眠一样，灯光在掌声中慢慢变亮，演讲者神秘地说："这就是我们公司带给大家的革命性产品……"

再来看一个案例，闻一多先生的《最后一次讲演》中有这么一段："今天，这里有没有特务？你站出来！是好汉的站出来！你出来讲，凭什么要杀死李先生？（鼓掌＋停顿）杀死了人，又不敢承认，还要诬蔑人，说什么'桃色事件'，说什么共产党杀共产党，无耻啊无耻啊！（热烈地鼓掌＋停顿）这是某集团的无耻，是李先生的光荣！"

行文至此，我已将好声音的八字真经讲完了。接下来，我和大家详细分享如何练就好声音，让我们的声音更大、音色更美、中气更足、咬字更精确。

古话说，练声先练气，练气练丹田。为什么有些人说话的声音如洪钟响亮，富有磁性，而有些人说话的声音如蚊鸣般微弱，没有感染力？为什么有些人说话10个小时嗓子也不嘶哑，而很多人讲了10分钟，嗓子就疼痛？这所有的关键就在气息的掌控上。声音是通过气息驱动声带而发出来的，再经由体内的共鸣作用而发出更饱满的声音。所以，本着练声先练气的原则，我和大家分享如何通过丹田气的方式来发声。以下方法，只是帮助大家找到丹田驱动气息的感觉。

说到丹田发声，你是否会注意到一个问题，为什么小孩哭很久，嗓子也不会沙哑？因为，小孩是最放松的，哭的时候，全身用力，归于丹田，所以，嗓子不会哑。人之初都会用丹田气，长大后，开始变得紧张僵硬，找不到丹田发力的感觉了，但在某些潜意识状况下，又自然而然地启动丹田发力，例如大笑的感觉、生气地骂人、惊讶的表情、军训的口号、旷野的呼喊等状态，都有丹田参与，丹田位于肚脐下三指位置，丹田参与时，腹部是变紧的。

接下来，大家跟着我的文字，发出如下拼音的声音：Hai，ha，ho，wu，si，te，ke。（请把手放在丹田位置或双手叉腰，循环发声，要一口气完成，时间越长越好！）

我再提供几种常用的练气方法：狗喘气法，叹气法，闻花香、吹蜡烛法，搬重物或仰卧起坐读书法，数枣法。

狗喘气法：张大嘴巴伸出舌头急促地喘气，这是一个很好的训练方法。

叹气法：哎——给自己五个台阶，先轻叹一口气，再稍重一点，再更重一些，深叹一口气，最后再狠狠地叹一口气并停住，能停多久停多久，要把体内所有的气全部排完。

闻花香、吹蜡烛法：讲的是吸气和呼气的方法，闻花香是慢慢享受吸进花香的感觉，也可以贪婪地快速把花香吸入体内，吹蜡烛是指一条线地把气慢慢地吹出去，无论是吸气还是呼气都要有丹田参与——腹部变紧。这种方法的具体操作方式分两种。

一是慢吸慢呼——站稳，双目平视前方，头放正，肩放松，像在旷野中呼吸花香一样，慢慢吸足气，保持几秒钟，轻缓吐出，吐得干干净净。还可以在呼气的时候加入数数练习，1、2、3、4、5……一口气完成，数得越多越好，直至让丹田处完全瘪下去——腹部变紧。

二是快吸慢呼，快速短促地吸气，慢慢地呼出，做到“吸气一大片，呼气一条线”。

其实，以上所说的就是胸腹联合式呼吸，吸气后两肋扩大，横膈膜下降，小腹微收，但硬硬的，且整个胸腹涨成圆桶状。呼气的时候丹田越瘪越好，且控制的时间越长越好。再请大家养成另一个习惯，晚上睡觉的时候，闭上嘴巴，用鼻子呼气和吸气，越细越好，细到听不到自己呼吸的声音。

搬重物读书或仰卧起坐读书法：这两种状态下丹田都参与发力，在这样的基础上发声，最能找到丹田气驱动声音的感觉，各位可以去体会。

数枣法：这是练嘴形和气息的常用方法。文本如下：出东门，过大桥，大桥底下一树枣，青的多，红的少，一个枣，两个枣……十个枣；十个枣，九个枣……一个枣；一个枣，两个枣……十个枣。尽量一口气循环数完。

需要说明的是，以上所有训练都是一口气完成的，而且要面带微笑，不可练成苦大仇深的样子。只有把丹田气练好了，才能爆发出有力的说话感觉；如果不会用丹田气驱动声音，强行爆发，就很容易把嗓子弄哑。举一个例子就很容易理解这点，用丹田气驱动声音的人就像后驱的汽车，动力更强劲；不会用丹田气驱动声音的人就像前驱的汽车，开正常的城市路和高速是没问题的，但如果要开泥泞的山路就力不从心了。所以，我们要做一个后驱汽车，最好还要做四驱汽车，动态地调整腹腔、胸腔和口腔共鸣，以达到最好的声音效果。

如果说上面练的是胸腹联合式呼吸和发声，以达到胸腔和腹腔的共鸣，那么接下来，我们学习的就是如何口腔共鸣。我们先做个类比，众所周知，在10平方米的空房子里喊一声，是听不到回声的，而在30平方米的空房子里喊一声，就会听到回声，因为30平方米的房子空间更大。由于遗传、地域等原因，有的人口腔空间大，有的人比较小，口腔空间大的人，就相当于30平方米的房子，说话时的音色就更好听。

对于口腔空间小的读者朋友们，我建议通过以下三个练习来人为地增大口腔空间：第一，打哈欠；第二，啃苹果；第三，笑着说。当然，不是真的让大家打哈欠，而是模拟打哈欠时的感觉，因为人打哈欠时，口腔空间是最大的。所以，如果我们能坚持每天100个模拟打哈欠，我们的音色会变得更好听，效果立竿见影。啃苹果也是模拟一种状态——张大嘴巴，贪婪地啃一口苹果，模拟这种感觉，此时牙关彻底打开，口腔空间也是最大的。而笑着说话的时候，口腔是最放松的，开合的空间也是最大的。如果说打哈欠和啃苹果是强化训练，那么笑着说就是时时刻刻的训练，当我们笑着说话的时候，不但音色更美，人也更美，岂不一举两得吗?

接下来，我和大家分享“唇舌”的训练方法。我们知道，任何球类运动，无论是篮球、足球、羽毛球还是乒乓球，运动前，人们都要做热身运动。讲话要用唇舌，我们当然也要做唇舌的热身运动啊。包括：用舌头左右顶腮；模拟刷牙，用舌头在牙龈和嘴唇内侧间运动；吐舌头（做鬼脸时的感觉）；舌头在口腔内上卷直至舔到咽的位置；舌尖顶住下牙内部，用上齿刮舌面；舌尖舔鼻尖，大部分人是舔不到的；蹦嘴唇，这种做法有些类似于小流氓的感觉，增加唇部的力量；噘嘴并做上下左右运动；喷嘴唇，类似于模拟汽车排气筒的声音，增加唇部的弹性；甩腮帮，曾获得12项奥斯卡提名的好莱坞电影《国王的演讲》里面就出现了这样的训练方法；练咀嚼，模拟咀嚼，能同时练到唇齿和舌头；吹口哨，这是一个令我终身受益的习惯，吹口哨可以同时练气、练唇，还能让人心情愉悦，所以，我常悠然自得地吹着口哨，散步吹、洗澡吹，任何碎片时间，一想起我就吹，吹了就快乐，快乐了就吹。

练习吐字，通过以下四个练习，希望大家能感受双唇、舌前、舌中、舌根在发声中的运用和感觉。

双唇音：八百标兵奔北坡，炮兵并排北边跑，炮兵怕把标兵碰，标兵怕碰炮兵炮。

舌尖中音：调到敌岛打特盗，特盗太刁投短刀，挡推顶打短刀掉，踏盗得刀盗打倒。

舌面音：七加一，七减一，加完减完等于几，七加一，七减一，加完减完还是七。

舌根音：哥挎瓜筐过宽沟，赶快过沟看怪狗，光看怪狗瓜筐扣，瓜滚筐空哥怪狗。

最后和大家分享一个对我价值最大、让我受益无穷的方法——“3M法则”，即More，Mouth，Movement——说话时增大嘴巴的活动幅度。“3M法则”有以下好处：让演讲者的面部表情更丰富，从而增加演讲的魅力；由于说话时嘴巴的活动幅度增大，口腔空间也更大，能形成口腔共鸣，音色更好；由于嘴巴活动幅度变大，语速自然就会慢下来；由于嘴巴活动幅度大，舌头的运动范围更大，普通话更标准。[1]以我个人来说，以前的我发不了后鼻音的g，以前我说“geng”时，总说成“gen”，自从我运用“3M法则”后，现在可以非常标准地发出“geng”的音，其中乐趣，绝知此事要躬行。

演讲气场——肢体语言

执导过莎士比亚等文学大师名著改编戏剧，曾在英国皇家戏剧艺术学院、伦敦音乐戏剧艺术学院任教的休·莫里森先生，曾经用最精简的语言表达舞台上的动作要领：机动而自由，灵活而富有弹性，轻盈而稳重，有力而流畅，有形有款，身体到位，平衡而有节奏感，沉稳而有效率。我想，这样的动作要领既适合于演员，也适合于演讲者。

美国学者艾伯特·梅拉比安先生曾提出过“55/38/7法则”，意思是在演讲沟通中肢体语言对听众的影响占55%，声音占38%，文字只占7%。事实上，这是针对低层次听众而言的，对于高层次听众，人们还是很关注文字信息的，就像人们听流行歌曲时，可能只沉醉在演唱者的肢体语言、表情和声音里，但听更高雅一些的京剧和昆曲，若不知道剧目内容的话，将索然无味。

① 引自《有用的聪明》，[日]内藤谊人著，孙兴峰译，南海出版公司2007年版。

下面我从以下几个方面分别阐述肢体语言：站姿、行姿、手势、表情和眼神。

站姿。站姿基本上都是成功人士的专用姿势，比方说，帮别人站台。如果你是著名人物，会被请去当点评嘉宾、颁奖嘉宾；或者你本人就是获奖者，这些场合都需要站姿。讲到站姿，必须要讲到人的脊椎和腹部——脊椎和腹部是所有动作的核心，是身体的中枢，决定着身体的形态。脊椎和腹部必须要有力量，建议大家在站坐行时，肚脐四周要处于微微的收紧状态，这样整个人会更直，更有精气神，更能影响和感染听众。

站在舞台上，要保持立正的状态：男士的脚和肩保持平宽，两脚平行且尽量不要站成八字形；如果两脚并拢会给人不稳的感觉；如果两脚的距离比肩膀宽的话，会给人霸气粗鄙的感觉。同时要注意，站在舞台上，两腿尽量不要做长时间稍息状，当然偶尔稍息一下是可以的。总之，男士要站出大气，女士的站姿要体现秀气，所以，我建议女士站成小V字的形式，但不要刻意站成丁字形，因为丁字形站姿，一是不稳，二是僵化，其他注意点和男士站姿相同。

关于站姿，我还要强调以下两点：第一，直而放松，这是辩证的，就像毛泽东说的团结紧张、严肃活泼；第二，如果实在站不直，我宁愿你前倾，也不要后仰，前倾像服务员，后仰像保安，事实上这两种状态都不好，但由于年龄、习惯、上台紧张的原因，很多人都站不直，但前倾给人亲和的感觉而后仰则给人傲慢僵硬的感觉。

演讲者站在台上，有时会手足无措，手放在哪里合适呢？总体而言，演讲者站在台上，手的姿势可用三个字总结：抱、垂、背。抱是指一只手搭在另一只手的手背上并自然放于腹部丹田的位置，这种姿势适合于手不长不短，或者偏短一些的人使用，如果手太长的话，会盖在裆部，不雅观。如果手比较长，可以选择背在后面，也很潇洒，很有民国先生们的风范。垂的姿势适合于所有人。但无论用哪种姿势，手都要柔和自然，不要刻意用力。站在舞台上，手的姿势有以下两种禁忌：一是抱胸，二是插口袋。我在课堂上讲到这个话题的时候，有个学生对我说："老师，某某某明星就是抱胸的，某某明星有一次就是插口袋的。"我对这位同学说，首先，明星也是错误的，不要学错误的；其次，明星是有光环的，光环之下的缺点会被人忽略。

刚才谈到了演讲者站在舞台上的身、手、脚的姿势，接下来谈谈眼神的使用。作为站台嘉宾，主角或许是演讲者，或许是主持人。更多时候，站台嘉宾是沉默的，此时眼神的处理就很关键。我给站台嘉宾的建议是"目视前方气下沉”，眼睛要看着舞台正前方，感觉余光能覆盖所有的观众，切忌用眼睛看天花板、看地板或看窗户与墙壁，因为这至少表明两点：一是傲慢、目中无人，二是自卑、不敢看人。

接下来谈谈站台嘉宾如何“和嘴巴相处”。最美的嘴形是嘴角扬起的微笑，所以，我对站台嘉宾嘴形的建议是“似笑未笑最有情”，能做到这点就是自信的、放松的、气息顺畅的。关于嘴巴，有一个动作切忌出现，那就是舔嘴唇。由于紧张的缘故，有些人会蜻蜓点水地舔一下嘴唇，有些人把上下嘴唇和左右嘴角都舔遍了，可以想象，这是多糟糕的形象。事实上，站在舞台上的新人，一般都会有舔嘴唇的冲动，我建议想舔时不妨抿一下。

最后，我来说说站台嘉宾在舞台上还有哪些常犯的错误。第一，体味与放屁，这是要注意的。当站台嘉宾知道自己要上台，可提前几天调整饮食结构，少吃易产生屁的食物。当然也不能吃大蒜之类的有气味的食物，饮酒也要控制。我认为，酒气冲天的人做站台嘉宾，至少不是什么值得提倡的事情，即便是大腕明星，也不该如此肆无忌惮。第二，不要晃动身体和腿。第三，不要有细微的手部动作，我在书上写这些文字时，不够直观，所以演讲类的技能知识还是要通过手把手的辅导，才会更真切。第四，头或脸痒的时候，首先要忍着。如果实在忍不住，轻轻地把手放到痒的地方，掐一下即可。想象一下，如果动作太快，像平时一样随意，会显得不文明，毕竟这是在舞台上，舞台和私人空间还是有很大差别的。举一个极端的例子，在家可以挖鼻孔，在舞台当然不能了。第五，在舞台上也不要东张西望，像个没见过世面的刘姥姥。

行姿。如果说站姿是对站台嘉宾说的，那么行姿则是对演讲者本人说的，我将行姿分成上台姿、开讲姿、演讲姿和谢幕姿。顾名思义，上台姿是指从座位走上演讲台的过程，开讲姿是指开始演讲前的一系列行为，演讲姿是指演讲过程中的相关姿势，谢幕姿是指演讲结束了离开舞台前的姿势。

为了更好地帮助大家理解行姿的四个部分，我用飞机起飞的过程做类比。大家可以把上台姿理解成飞机从停机位开到跑道上的过程；开讲姿势就是飞机在跑道上加速起飞并飞至万米高空的过程，在整个飞机起降中，这是比较让人心惊的时刻，演讲也是如此，这个时刻是最艰难最紧张的，如果能很好地克服这个时刻的紧张感，演讲就易取得成功；演讲姿就是飞机在空中巡航，这个时间将是飞机飞行时间中最长的部分，也是最无聊的部分，演讲也是如此，演讲姿环节时间最长，也是最容易让听众走神的环节；最后，大家可以将谢幕姿理解为飞机降落的过程。接下来分别阐述行姿的四个方面。

上台姿有三个动作要领：昂首、阔步、身稳。昂首阔步展现人的激情和能量，身稳展现人的稳重与从容。

开讲姿有五个要领：站稳、试麦、后扫、鞠躬、开讲。登上舞台，切忌仓皇失措，要先站稳且要站在舞台中央，一只手抓在麦克风的中下部，麦克风和身体平面呈0~45度，用另一只手轻轻地敲击一下麦克风，以确认麦克风处于打开状态，不要吹麦克风，也不要对着麦克风说“喂……喂……喂……”，会显得很鄙陋。此刻若是很紧张，请用眼神在后面扫视一圈吧，不要看前面，就像暴风雨来临时鸵鸟把头埋进沙子一样，这样可以调整紧张的情绪。再看一下台下重要嘉宾，半鞠躬，接着开始演讲，整个时间可控制在三秒左右。

演讲姿有四个动作要领：身体直立、上动下静、前行后退、左右平移。身体最好直立，实在做不到直立，也可以选择向前微倾，这样能显得谦虚，且能够获得听众的认同，这是一种随时与听众互动的姿势。如果演讲时间比较短，就不要在台上走来走去，保持上动下静即可；如果演讲时间比较长，可移动步伐——“前行后退，左右平移”，一直不动的话会显得很呆板。

谢幕姿有两个动作要领：谢谢、鞠躬。谢谢鞠躬，同步进行，一气呵成。也可以根据演讲状况，在说完谢谢之后，稍微停顿一下，再鞠躬。鞠躬时，双手交叉抱于腹部，30~45度鞠躬，轻快地匀速上下。

手势。手势是最富有感染力的肢体语言。

先来说说手势“四要”：一要自然，这是最高法则，也是最自信的演讲者才能拥有的状态；二要有力，讲到重点的时候要辅助一些有力度的手势；三要协调，动作要与语音信息、文字信息以及现场情景相协调。当你在思考的时候，短暂忘词的时候，可用手势缓解场面的尴尬，有很好的效果，比方说当你忘词的时候，用手在脑袋上划几下小圈圈，就可以缓解尴尬，消除冷场，让思维继续下去；四要到位，动作要么不做，要做就一定做到位，切忌小动作，或做了一半的动作。

接下来说说手势“四忌”。一忌单/多——单一的肢体动作，会让听众感觉单调。同样，太多的肢体语言，活脱脱像个小丑。我建议，每个演讲者都要有自己非常熟练的最常使用的三个肢体动作。如果你在单与多之间无法平衡，我宁愿你“单”也不愿意你“多”，“单”虽然乏味，但至少不会出错。二忌快/慢——动作太快给人轻浮的感觉，动作太慢给人老气横秋的感觉。很多人说演讲要有激情，激情就是快，这恰恰是一种错误的认知，在“快”和“慢”之间，我宁愿你选择“慢”，虽然“慢”容易给人老气横秋的感觉，但至少不会出错。三忌大/小——有些力量活泼型性格的人，演讲时的肢体动作比较大，比如欧美人的肢体动作就比较大，但大不意味着张牙舞爪；有些和平完美型性格的人，演讲时动作很小，这也不好，我们不要走这两个极端。四忌无，“无”有两重意思：第一是没有的意思，即演讲者在演讲中没有肢体动作，这当然不好；第二是演讲者在演讲时做一些无意义的肢体动作。

手势的九种常见姿势包括：单指手、捏指手、托盘手、太极手、合十手、作揖手、点赞手、胜利手（V字型手势）、握拳手。这九种手势顾名思义，在此不再解释。

手势可分为开放式和封闭式两类，开放式的手势具有三个特征——高、大、有力；封闭式的手势也具有三个特征——低、小、轻柔。一般而言，演讲时多用开放式手势，但场合特别高端时，要注意用高、大、有力的幅度；通常来说，面对媒体采访时，手势要小、要轻柔，否则，拍出来的视频就会张牙舞爪。

手势的力度有三种：小力度——手腕运动（小雨）；中力度——小臂运动（中雨）；大力度——大臂乃至全身都运

动（大雨）。一般而言，情绪越激昂，力度就越大，但正常的演讲就像小到中雨，这样的天空才滋养人。除非特殊情况，需要电闪雷鸣般的大雨启发听众，或惊醒听众，否则不要随便用大雨的手势力度。

手势的作用有三个：指示作用、象形作用、抒情作用。分别阐述如下。

指示作用——演讲者要提醒听众看某个地方时，用食指指天指地指物，但不可用食指指人，更切忌用食指指人的头和脸。指人的脸时，请用手掌斜45度去指。很多时候，或许是没注意，或许是不知道，人们竟然用食指指人，甚至有时候，还用中指指人，很多矛盾就因为这样的小细节而起。

象形作用——当演讲者要栩栩如生地表达一个东西时，可用象形手势，特别是在描述一个对方不容易理解的东西时，更需要使用象形手势。譬如演讲者在说，很大的西瓜、波浪前进、螺旋上升等内容时都可以用象形手势。

抒情作用——演讲者为了抒发自己内心的情感需要借助手势，或只是因习惯性的动作而用某一个手势。我建议最好重复使用某一个手势来抒情，这样既给听众留下深刻的印象，又显得个性化。我推荐大家用“点赞手”作为演讲中的标志性手势。或许两三个月过去了，听众已经忘记了你的名字，也忘记了你的演讲内容，但他们会记得——那个在演讲时一直竖着大拇指的人。

表情。有人曾问古希腊著名的演讲家德摩斯梯尼“演讲家最大的才能是什么”，他回答说“表情”，又问“其次呢”，回答还是“表情”，又问“再其次呢”，回答仍然是“表情”。人的面部表情由脸的颜色、光泽、肌肉的收缩与舒展以及脸部的纹路组成，它是演讲者思想感情的显示器，是人思想感情最灵敏、最复杂、最准确、最微妙的“晴雨表”。

演讲者的表情要与演讲主题的基调保持一致，别在讲严肃事情的时候，用欢喜的表情。比方说，2012年8月26日，陕西延安境内发生的惨烈车祸造成36人遇难，举国震惊；当天傍晚，有网友发现在新华社拍下的现场图片中，竟然有一当地官员在事故现场“傻笑”，很快这张照片在微博中流传，惹得网友非常不满。[①]在强大的“人肉搜索”启动不久之后，很快这位叫杨达才的陕西省安全生产监督管理局局长成为“8·26”特大交通事故中的焦点人物，一系列调查后杨局长下台，断送了亨通的官运，讽刺至极啊。

让表情丰富的四个方法包括：**眉开**、**3M**、**鼻张**、**点**

① 参考《27天：“微笑表哥”落马舆情还原》，《检察日报》，2012年9月25日，http：//newspaper.jcrb.com/html/2012-09/25/content_110203.htm。

头，下面分别阐述之。

眉开：眉和眼是分不开的，眉打开后，眼就笑了，所以叫眉开眼笑；眼睛是心灵的窗户，窗户开了，自然是最美的表情。又有成语叫眉目传情，这里的情不仅仅是爱情之情，更包括所有的情感。人的表情以鼻子为界，分为上半部和下半部。上半部表情靠眉开来调整，所以，想让上半部表情更丰富，请学着睁大眼睛，扬起眉毛，抬起额头说话。当然，这样做的负面影响就是可能会有抬头纹，但我认为这笔账还是划算的。

3M：上半部表情靠眉开完成，那么下半部表情就靠“3M法则”了，“3M法则”的详细阐述，我在声音的环节花了很多篇幅，请参照。

鼻张：鼻张是暗表情，一般而言，除非特别夸张，否则，听众是感受不到演讲者的鼻孔是否张大的。当情绪水到渠成时，鼻孔自然也会发生变化；相反，当鼻孔张大时，情绪和表情也自然会发生变化。

点头：点头是非常重要的舞台动作，点头可以从一定程度上缓解尴尬，传递亲和力，让听众更认同演讲者的观点。读者朋友们可以自我测试一下：边点头，边说“好，是的，没错，有道理”，是不是很协调呢？如果你没有感觉，请边摇头边说这些词，是不是很别扭呢？事实上，点头于听众而言，有一种被催眠的效果，你对听众点头，听众出于礼貌也会对你点头，这样台上台下就形成一种默契的互动，尤其是睁开炯炯有神的双眼，看着听众，边说话边向他们点头，如果你的身体还能稍微前倾，听众会更有被重视的感觉，这样的演讲场景一定很美好。

表情三忌：

虚假——最要不得的是，为赋新词强说愁，表演成分太多，拉长的语调，过分夸张的表情，一看就是假的。人们说相由心生，请问，虚假的心和虚假的相又怎能动人？正所谓，不精不诚，不能动人。

小气——在很多演讲场合，我发现演讲者有很多小气的动作，譬如突然抓头，突然擦一下鼻子，突然捂住脸，还有吐舌头的。如果实在忘词了，请用沉默或严肃的表情来掩盖，虽然这也不好，但至少不会出错。如果演讲实在无法继续了，我送大家一颗“轻型原子弹”，那就是“真诚＋沉默＋谢谢大家＋下台”，其中韵味，各自体悟。

僵硬——适度的紧张是必要的，反而能体现出演讲者的真诚与亲和力；但太过紧张就不好了，有些人紧张得表情僵硬、嘴角抽搐、手脚发抖、额头冒汗，这就不好了。

最好的表情——笑，有两种笑是需要私底下训练并自我调适的。

第一，要训练自己笑的表情以及笑的声音，调试自己的状态，让你的笑声及面部表情富有感染力，演讲者还要形成自己独特的笑声。

第二，要训练自己掩饰尴尬的笑，因为演讲中会经常遇到尴尬的局面，每个人都要有一种以不变应万变的笑来处理突如其来的尴尬。但请注意，尽量不要笑出声音，但凡笑出声音，90%的情况都属于傻笑。

眼神。如果说眼睛是心灵的窗户，那么眼神就是这扇窗户上的玻璃。没有明亮的玻璃，窗户是没有色彩的。尽管在表情的眉开环节，我已谈到眼睛，但现在还要花专门的小节来详细阐述眼睛之神——眼神。

演讲中常出现的眼神分四种：**虚视眼**、**点视眼**、**探照眼**、**环视眼**。

虚视眼：又叫死鱼的眼睛，这种眼神给人极度缺乏自信的感觉，不敢看人，或者眼睛无光、迷离、恐惧。我们必须要克服这种眼神和舞台状态，最好的方法莫过于照镜子，在家里对着穿衣镜，睁大眼睛，看着镜子中的自己，对自己说五句箴言：我是最好的，我是最棒的，我喜欢我自己，我爱我自己，我一定会成功。

点视眼：顾名思义，就是只看某一个人，这样的眼神会造成其他人的反感，你为什么只看这几个人？为什么不看我们？难道我们脸上有疮吗？其实，并非演讲者爱用点视眼，而是由于紧张导致的，也是由于人的与生俱来的劣根性导致的——演讲者总喜欢看三类人：有实力者（有权势实力的人、有财富实力的人、有文化实力的人，或者貌似有实力的人——讨好之心人皆有之），美丽者（美少年、美女、帅哥——爱美之心人皆有之），面善者（保持微笑的人，面部温和缺乏攻击性的人——向善之心人皆有之）。既然是劣根性，就要通过学习和训练将其消除掉，所以，当我们的眼睛不自觉地想看以上三类人时，就要提醒自己，这是一个比较艰难的过程，需要长期坚持。我自己也是花了十年时间，如今才勉强把点视眼的恶习破除掉。

探照眼：既然点视眼不能多用，就将其升级吧，变成汽车的探照灯。能够从用“点视眼”看一个人，到用“探照眼”看一大片人，这样听众会感受到更多的尊重，但依然还有听众未被关注，这就需要再将眼神升级——环视眼。

环视眼：环视眼是探照眼的升级版，就像汽车打着大灯在转弯的感觉，又像顽皮的小孩在黑夜里用手电筒扫射的感觉，还像电风扇开着最强档的风在摇头的感觉，整个屋子都凉风习习，仿佛每位听众都被滋养到。所以，关于眼神，我只推荐环视眼，事实上，环视眼多了，虚视眼和点视眼自然就少了；相反，虚视眼和点视眼多了，环视眼自然就少了。

接下来，我分享环视眼的两种使用方法。第一种，区域环视法。演讲者站在台上时，心里将下面黑压压的听众分成三四个区域，再把每个区域以中心点作为焦点，想象成是自己的老朋友们，如此算下来，整个全场在演讲者的心目中也就只有三四个人而已，而且都是自己人，所以，演讲者只需要将眼神放在“想象的三四个人”中来回互动即可。总体而言，眼神停留在“想象的三四个人”身上的时间是2~10秒，场面越大人数越多，停留时间就越长。区域环视法适合于演讲初学者，缺点是，依然会有一部分人感受不到被演讲者关注。所以，接下来我分享能够关注全场的环视方法，即第二种，Z字形环视法。演讲者先将眼神定格在最左边的某个人处，停留2~3秒，再慢慢地移动到最右边的某个人处，停留2~3秒，眼神就像探照灯在演讲现场画Z字——横折横、横折横、横折横、横折横、横折横。这个方法能做到全场无死角，演讲者亲切、自信、热情又大方的眼神像阳光雨露一样，滋养着现场的每个听众，这可谓环视眼的高境界了。

综上所述，我建议，不用虚视眼，少用点视眼，多用探照眼和环视眼。

有术无道，止于术

以上所说的演讲气场都是从术的层面来阐述的，术和道是相辅相成的，正所谓："有道无术，术尚可求；有术无道，止于术。"那么，演讲之道是什么呢？自然是"正气"。正气藏于胸，充塞于天地之间，可以表现为很多形式，其中一种形式就是——爱。心中有爱的人才能真正地学会演讲，否则，就算把术学得再好，也是无根之木、无源之水，不可长久。

所以，我希望每位想学好演讲的人都培养自己的爱。我建议你们，想象着自己喜欢场下的每个听众，是他们来捧场，才有今天的演讲，难道你不觉得要对他们充满感恩、充满爱意吗？如何让自己充满爱意，有一篇足以净人灵魂的散文，我在十多年前就读过它，时至今日，我依然认为它是经典中的经典，这篇散文的题目是《我要用全身心的爱来迎接今天》，我把它摘抄下来和大家分享，希望读者朋友们能从中有所感悟和收获。[①]

我要用全身心的爱来迎接今天，因为这是一切成功的最大秘密。强力能够劈开一块盾牌，甚至毁灭生命，但是只

① 以下引文参见《羊皮卷》，［美］拉塞尔·康威尔等著，林永年编译，远方出版社 2017 年版。

有爱才具有无与伦比的力量，使人们敞开心扉。在掌握了爱的艺术之前，我只算商场上的无名小卒。我要让爱成为我最大的武器，没有人能抵挡它的威力。我的理论，他们也许反对；我的言谈，他们也许怀疑；我的穿着，他们也许不赞成；我的长相，他们也许不喜欢；甚至我廉价出售的商品都可能使他们将信将疑。然而，我的爱心一定能温暖他们，就像太阳的光芒能融化冰冷的冻土。

我要用全身心的爱来迎接今天。我该怎样做呢？从今往后，我对一切都要满怀爱心，这样才能获得新生。我爱太阳，它温暖我的身体；我爱雨水，它洗净我的灵魂；我爱光明，它为我指引道路；我也爱黑夜，它让我看到星辰。我迎接快乐，它使我心胸开阔；我忍受悲伤，它升华我的灵魂；我接受报酬，因为我为此付出汗水；我不怕困难，因为它们给我挑战。

我要用全身心的爱来迎接今天。我该怎样说呢？我赞美敌人，敌人于是成为朋友；我鼓励朋友，朋友于是成为手足。我要常想理由赞美别人，绝不搬弄是非，道人长短。想要批评人时，咬住舌头；想要赞美人时，高声表达。飞鸟、清风、海浪，自然界的万物不都在用美妙动听的歌声赞美造物主吗？我也要用同样的歌声赞美她的儿女。从今往后，我要记住这个秘密。它将改变我的生活。

我要用全身心的爱来迎接今天。我该怎样行动呢？我要爱每个人的言谈举止，因为人人都有值得钦佩的性格，虽然有时不易察觉，我要用爱摧毁困住人们心灵的高墙、那充满怀疑与仇恨的围墙，我要铺一座通向人们心灵的桥梁。我爱雄心勃勃的人，他们给我灵感；我爱失败的人，他们给我教训；我爱王侯将相，因为他们也是凡人；我爱谦恭之人，因为他们非凡；我爱富人，因为他们孤独；我爱穷人，因为穷人太多了；我爱少年，因为他们真诚；我爱长者，因为他们有智慧；我爱美丽的人，因为他们眼中流露着凄迷；我爱丑陋的人，因为他们有颗宁静的心。

我要用全身心的爱来迎接今天，我该怎样回应他人的行为呢？用爱心。爱是我打开人们心扉的钥匙，也是我抵挡仇恨之箭与愤怒之矛的盾牌。爱使挫折变得如春雨般温和，它是我商场上的护身符：孤独时，给我支持；绝望时，使我振作；狂喜时，让我平静。这种爱心会一天天加强，越发具有保护力，直到有一天，我可以自然地面对芸芸众生，处之泰然。

我要用全身心的爱来迎接今天，我该怎样面对遇到的每一个人呢？只有一种办法，我要在心里默默地为他祝福。这无言的爱会闪现在我的眼神里，流露在我的眉宇间，让我嘴角挂上微笑，在我的声音里响起共鸣。在这无声的爱意里，他的心扉向我敞开了，他不再拒绝我推销的货物。

我要用全身心的爱来迎接今天，最主要的，我要爱自己，只有这样，我才会认真检查进入我的身体、思想、精神、头脑、灵魂、心怀的一切东西。我绝不放纵肉体的需求，我要用清洁与节制来珍惜我的身体；我绝不让头脑受到邪恶与绝望的引诱，我要用智慧和知识使之升华；我绝不让灵魂陷入自满的状态，我要用沉思和祈祷来滋润它；我绝不让心怀狭窄，我要与人分享，使它成长，温暖整个世界。

我要用全身心的爱来迎接今天，从今往后，我要爱所有的人，仇恨将从我的血管中流走，我没有时间去恨，只有时间去爱，现在，我迈出成为一个优秀的人的第一步。有了爱，我将成为伟大的推销员，即使才疏智短，也能以爱心获得成功；相反地，如果没有爱，即使博学多识，也终将失败。我要用全身心的爱来迎接今天。

这篇文章带有一定的宗教情愫，貌似也是写给推销员的，但演讲者对自己所要传递的观点不正像一个带有宗教情愫的推销员吗？我们甚至需要用某种宗教式的笃信，才能更深入地感染下面的听众。

第九章　应用

古今中外，说话都能产生巨大的生产力，无论在政界、商界还是日常的家庭沟通、公司管理上，说话的重要性无处不在。正所谓，良言一句三冬暖，恶语伤人六月寒。何时说话，怎么说话，话说到什么程度，都是永恒的艺术。《论语》中有很多这样的谆谆教诲，我摘抄如下，供有缘人诵读学习。

子曰："吾与回言，终日不违，如愚。退而省其私，亦足以发，回也不愚。"

子曰："由，诲女知之乎？知之为知之，不知为不知，是知也！"

子游曰："事君数，斯辱矣；朋友数，斯疏矣。"

孔子于乡党，恂恂如也，似不能言者。其在宗庙朝廷，便便言，唯谨尔。

朝，与下大夫言，侃侃如也；与上大夫言，訚訚如也。君在，踧踖如也，与与如也。

司马牛问仁。子曰："仁者，其言也讱。"曰："其言也讱，斯谓之仁已乎？"子曰："为之难，言之得无讱乎？"

子曰："片言可以折狱者，其由也与？"子路无宿诺。

定公问："一言而可以兴邦，有诸？"孔子对曰："言不可以若是其几也。人之言曰：'为君难，为臣不易。'如知为君之难也，不几乎一言而兴邦乎？"曰："一言而丧邦，有诸？"孔子对曰："言不可以若是其几也。人之言曰：'予无乐乎为君，唯其言而莫予违也。'如其善而莫之违也，不亦善乎？如不善而莫之违也，不几乎一言而丧邦乎？"

子曰："邦有道，危言危行；邦无道，危行言孙。"

子曰："其言之不怍，则为之也难。"

子曰："君子耻其言而过其行。"

子曰："可与言而不与之言，失人；不可与言而与之言，失言。知者不失人，亦不失言。"

子曰："群居终日，言不及义，好行小慧，难矣哉！"

子曰："君子不以言举人，不以人废言。"

子贡问曰："有一言而可以终身行之者乎？"子曰："其恕乎！己所不欲，勿施于人。"

子曰："巧言乱德。小不忍，则乱大谋。"

孔子曰："侍于君子有三愆：言未及之而言谓之躁，言及之而不言谓之隐，未见颜色而言谓之瞽。"

子曰："巧言令色，鲜矣仁。"

陈子禽谓子贡曰："子为恭也，仲尼岂贤于子乎？"子贡曰："君子一言以为知，一言以为不知，言不可不慎也！夫子之不可及也，犹天之不可阶而升也。夫子之得邦家者，所谓立之斯立，道之斯行，绥之斯来，动之斯和。其生也荣，其死也哀，如之何其可及也？"

第一节　沟通口才

沟通的话题，在很多书籍中都有讲解，这里仅以我在课程中的一首打油诗来讲解。

一等沟通拈花笑，二等沟通一点通。
三等沟通互倾听，四等沟通大辩论。
五等沟通相互喷，危机沟通诚信先。
汇报请示要主动，先说结果后过程。
张口闭口说两点，结尾还要加所以。
少谈情绪多谈事，谈事要有三方案。
办法总比困难多，总有高人能办到。
沟而不通多反省，切莫骂人是猪头。
营造氛围再破题，聆听反馈有行动。
一声问候暖人心，一句赞美让人晕。
高调说事如泰山，低调说己如溪水。

多说故事和事实，少说空洞大道理。

解释如下：

一等沟通拈花笑：这是沟通中的最高境界，发生于释迦牟尼佛与迦叶尊者之间，达到心领神会之境界，一个表情、一个眼神、一个动作就能让对方感知到。

二等沟通一点通：沟通一方说了前半句，对方就知道后半句，而且是准确地获知信息与知识，和这样的人沟通当然是美妙的。

三等沟通互倾听：双方都拥有很好的职业素养或人生修养，懂得聆听对方，一方说话时，另一方专注地看着并点头，甚至会发出“哦，是的，然后呢？”“接下来是什么？”“了解……”等互动信息，这里的点头仅仅表示尊重，并不一定是认同其观点，聆听的一方还会将那些不认同的信息记录下来，等对方说完后，再说“您说的话，我都听明白了，大部分我都是认同的，有以下三个问题，我有不同的观点，想与您交流一下”。像这样有礼貌、懂尊重的相互倾听式的沟通方式是令人愉悦的，也容易达成沟通目标。

四等沟通大辩论：这是一种糟糕的沟通方式，沟通双方相互否定，双方情绪都很紧张，都处于攻击状态，理性荡然无存，感性和浮躁充斥着整场沟通，可以想象，沟通结果当然是以失败告终。

五等沟通相互喷：这种状态往往是四等沟通的升级版，甚至到了人身攻击的程度，严重时会导致打架斗殴，这是一种非常恶劣的沟通情形，会给双方留下心理阴影且很难弥合。

危机沟通诚信先：由于双方之前出现过四等或五等沟通，但迫不得已还要继续沟通。我建议双方在沟通之前最好先做些有诚意的事情，以弥合曾经的创伤，重新建立信任。就像2018年的中美贸易战，美方过度运用谈判技巧，出尔反尔，以至于中国人根本不敢相信美国人的话——不管是参议员还是总统的话都不敢相信，所以面对美国的表态和申明，中方外交部发言人陆慷说“听其言观其行”。很多时候，语言是苍白的，行动才是有力的。

汇报请示要主动，先说结果后过程：这两句尤其适合于下级对上级的沟通。第一，下级要主动，1985年以前出生的人步入职场，都有主动请示汇报的习惯；“85后”“90后”，尤其是“95后”“00后”，很少有主动沟通和推进的意识，因为他们从小就被父母包办了一切，这是糟糕的现象，甚至影响了人与人之间的关系及社会和谐度。第二，先说结果会增加沟通效率。很多时候，说的一方，天高水远唾沫横飞；听的一方，云里雾里不知所云。所以，我建议在这个高效率的社会中，人们可以先说结果，然后再围绕结果展开描述。

张口闭口说两点，结尾还要加所以：这两句话适用于任何希望高效表达的人，张口闭口说两点能让表达更清晰。事实上，很多人一开口说话就是一锅粥，并且没有结论，但只要结尾加所以，结论也就浮出水面了。自己说得明白，听者也听得明白。

少谈情绪多谈事，谈事要有三方案：前面也讲过，人与人之间的沟通一不小心就会进入到情绪的对峙状态，所以，我建议人与人之间要冷静理性地谈事，并且双方都能带着三个及三个以上的方案，让彼此之间有更多的选择，这样更容易达成沟通的目标。当双方的方案相遇时，不要企图用自己的方案压对方的方案，而要从摊在桌面上的方案中找到最佳的融合方案。

办法总比困难多，总有高人能办到：这是一种信念，正如毛泽东所说“前途是光明的，道路是曲折的”。我常对别人说“不要说不行，要说我不行”，要相信天无绝人之路，总有高人能将此事办成。所以，人要永远保持学习的状态，正所谓“好好学习，天天进步”。

沟而不通多反省，切莫骂人是猪头：这两句话是提醒父母和领导的，要多从自己身上找原因，孔子说“君子求诸己，小人求诸人”，曾子说“吾日三省吾身”，很多时候，请将指责别人的矛头指向自己。切莫骂人是猪头，如果下属或孩子真的是猪头，那领导者和父母不就猪头的猪头吗？

营造氛围再破题，聆听反馈有行动：毋庸置疑，氛围对沟通能起到至关重要的作用。恋爱中的情侣往往在浪漫的西餐厅，配着红酒和音乐，让爱情在这样的氛围中被浇灌；柔和的月光，能让人更放松，很多问题都能被月光溶解，而封闭的环境会让情绪无法释放，当狭小的空间无法容纳这些情绪时，战争就爆发了。此刻，我推荐双方平息情绪，到月光下散散步。史蒂夫·乔布斯很善于使用这种沟通技术，往往能化腐朽为神奇。我也常使用这样的沟通技术，当我发现孩子不敢面对我，我就和她在月光下走走，我牵着她的手，慢慢地散步，月光洒在我们的身上，我们有一句没一句地聊着，慢慢地我们交换了很多信息与观点，矛盾和误会就化解了。我将这样的方法运用于我和我的父母之间，效果也很好。

一声问候暖人心：真诚的问候如春风扑面，温暖人心。例如，欧美的部分航空公司用空嫂提供空乘服务，空嫂们的外貌或许比不上年轻貌美的空姐，但她们的问候更真心、更真诚，所以，她们的竞争力并不亚于貌美如花的空姐们。

一句赞美让人晕：任何人都喜欢被赞美，无论被赞美的是两三岁的小孩还是八九十岁的老人，无论被赞美的人拥有热情洋溢的面容还是冷若冰霜的外貌，只要赞美是发自真心的，人们都会欣然接受。这里我提供一个很好用的赞美方法，就两个步骤：第一步，真诚地讲出感受；第二步，具体地指出理由。如果只是讲出感受，哪怕是很真诚的感受，也容易被人当作场面话，但只要能具体地指出理由，人们就喜欢，就差这一点点，这或许就是所谓的世事洞明吧。比方说，你看到一位母亲的办公桌上放着一张孩子的照片，如果此时你能敏锐地捕捉并给出真诚又具体的赞美，就会为接下来的沟通打下很好的基础，你可以说“这个宝宝真可爱（真诚地讲出感受），尤其是胖嘟嘟的小酒窝（具体地指出理由）”，我相信这位母亲是无法拒绝的，因为这是一个既真诚又具体的赞美。

高调说事如泰山，低调说己如溪水：这句话就类似于人们常说的“高调做事如山，低调做人如水”。做事要稳，所以如山。做事要坚定，所以如山。做人要活，所以如水。做人要动，所以如水。

多说故事和事实，少说空洞大道理：人们常说，事实胜于雄辩，故事胜于事实，为什么？雄辩就是道理，显而易见，事实当然胜道理。那么，为什么故事又胜于事实呢？相对于事实而言，故事更有温度，更有画面感和代入感。对方听完故事后自己受到了启发，想通了，自己把自己说服了；而事实却是生硬的、灌输的，虽然人们也认同，但很难发自真心地被说服。所以，故事胜于事实，其中微妙，读者自行体会。

在这里，我想对事实和故事做几点深度阐述。第一，和沟通对方摆事实的时候，最好能用数据证明，并且能横向纵向地做数据比对。

举例来说。从2015年11月起，我发起的“我行我善”公益活动在爱心人士的信任和支持下，以攀枝花为中心，向四川和云南累计捐赠了10万件衣服，其中有2万多件是新衣服，这些衣服全都由“爱心天使”陈正琼女士从攀枝花出发，先后36次用小货车分发出去。在这个案例中，如果我只说10万件，可能很多人对此没概念，但看到36车衣服时，就觉得10万件真的很多。我们可以想象到，陈正琼女士从收货到整理分类，到入库到装车再到发放，是多么大的工作量。以此作为案例，对爱心人士陈正琼女士表示衷心感谢，甚至可以毫不夸张地说，我们今天所取得的一点慈善小成绩，其星星之火就发端于那个朴实的攀枝花女孩——陈正琼。

第二，如果是讲故事，最好不要超过三分钟，因为，人的注意力是很有限的。一个好的故事就像一个电影片段，应该很短才对，但很多人啰里啰唆，把故事变成了电视连续剧，就像懒婆娘的裹脚布——又臭又长，难怪林语堂先生曾说过："绅士的演讲应该像女人的裙子，越短越迷人。"就讲故事而言，我建议在满足以下五个要素——时间、地点、人物、对话、结论——的前提下，越短越好，前四个要素能很好地勾勒出一幅画面，结论则能将故事升华起来。

举例来说。2018年9月26日，我们在云南省双柏县双柏一中发放助学金，根据《正心字帖》的抄写情况发放500~1000元不等的金额。有位十六七岁穿着校服的男生只得到了500元助学金，发放活动结束后，这位同学找到我说："马老师，为什么别人的字写得那么差还得800元，而我的字写得这么好才得到500元？"我翻开他的字帖一看，确实写得很好，笔画和间架结构都很认真到位。我对他说："同学，我能理解你的心情，就字而言，真应该给你发1000元，但我们要求描两遍，第一遍在拷贝纸上描，第二遍在原字上描，而你只描了一遍，所以，我们只能给你发500元，请你理解。"看着他有些失望的脸，我对他说："社会有时候是不公平的，但社会更是有规则的，我相信你的人品就像你写的字一样好，你一定会在未来的人生中取得很好的成绩，加油！"

第二节　谈判口才

谈判无处不在，若干年前我给很多企业讲授谈判课程，如今我专注于正气修身，真诚是我处事的不二法门。我已很少使用谈判技巧，但有时候面对贪婪的对方，我偶尔还要使用谈判口才，这或许就是孔子所谓的“权”吧，亦或许是孟子所谓的“予岂好辩哉？予不得已也”。提到谈判，我有一种很悲凉的感觉，这是人性的丑恶面，这不是正气，是邪气，所以，接下来我只分享一些防守型谈判策略，供读者朋友迫不得已时防身之用。

第一，不露底线。很多时候，人们本着真诚的原则，把自己的底线直接告诉对方，可对方是一个贪婪阴暗之人，他以小人之心猜想你，这时候，往往会好心办坏事，这就需要下面的谈判策略。

第二，高开低走。这样会让对方有成就感，人们要的往往不是便宜，而是占便宜的感觉，愚昧的人们往往需要这种感受。比方说，买东西的时候，如果商家一分钱都不让步，会让买方觉得没面子，所以，商家往往会把价格报高一些，然后给客户砍价的空间，客户会在砍价中获得成就感，拥有“赢”的感觉。当然，也不能让其砍得太多，否则，客户会觉得水分太大，这或许就是谈判的艺术吧。这就涉及很多技巧层面的知识，鉴于本书的性质，不多介绍了。

第三，沉默是金。在谈判中往往会产生可怕的停顿，看谁能在沉默中坚持住，在谈判中有句名言叫“谁先开口谁先死”。

第四，事不过三。作为卖方，我们开了高价后，对方会用“沉默是金”的策略迫使你让步。第一次你必须让步，否则没有诚意；如果对方是谈判高手，他会继续使用“沉默是金”的策略迫使你再次让步，为了表示更大的诚意，也可以适当地再让步；如果对方继续用各种方法迫使你第三次让步，请不要再上当了，此时要用“事不过三”的原则。

第五，逐步递减。让步的幅度要越来越小，以便让对方感觉，我没有空间了，比方说10、9、8.5、8.2、8；切忌等比让步，比方说10、9.5、9、8.5、8；切忌无规则让步，比方说10、9.5、8.5、8.4、8；切忌递增式让步，比方说10、9.8、9.5、9.1、8.6、8，这些让步都会让对方无所适从。

第六，礼尚往来。如果迫不得已，我方必须再让步，那么也必须要让对方做同等分量的让步，这就是礼尚往来。如果只是我方让步而未要求对方让步，会给谈判对方几种感觉：太软弱、水分很大、没有成就感，更重要的是，自己也没有任何利益可图。

第七，锁定确认。很多时候，我们满足了谈判对方一个条件，他们又贪得无厌地提出别的条件，使我们处于被动局面。此时，我们可以和对方确认，如果这个条件满足之后，是不是就可以合作了？如果对方说还不确定，请对方一次性把条件都说出来，再往下谈，这样就能保持主动。

第八，最后一次。有些谈判对手贪得无厌，还步步紧逼，此时，你可以对他说，这是最后一次让步了。小时候，贪吃的我们找妈妈要零食，妈妈说，这是今天的最后一次了，这个策略很有成效。

第三节　领导口才

从粗线条意义上说，人类经历了三个时代：第一，原始社会，这个时代的领导者往往靠经验去领导；第二，农工社会，这个时代的领导者往往靠制度去领导；第三，信息社会，这个时代的领导者往往靠人格来领导。

人格不但表现在语言上，更表现在行为上。最好的口才都是利他的，更是返璞归真的，只有这样的口才，才能展现人格魅力。接下来，我从以下九个维度来阐述领导口才。

第一，您。您=你＋心，也就是说，当我心中把对方当人看，尊重对方的时候，自然会发出一声暖暖的“您”。不要因对方位高权重就称其为“您”，这是谄媚心；也不要因为对方职位卑微就称其为“你”，这是傲慢心。合而言之叫“分别心”。而且，称呼对方为“您”，能很好地控制情绪，因为，当我们说“您”的时候，火就被浇灭了。

第二，谢谢。事前说“麻烦/请”，事中、事后说“谢谢/不好意思”。对任何给自己帮忙或服务的人都真心地说“麻烦＋谢谢”的人，是君子；对花钱购买的服务，或者下属晚辈提供的帮忙与服务就不说“麻烦＋谢谢”，是普通人；只对位高权重者说“麻烦＋谢谢”的人，是谄媚的小人。

第三，没关系。坚持说“好的”和“没关系”，能把“自我”放下，糟糕的人缘与痛苦的情绪都是“自我”太重的缘故，修身首先就要修掉“自我”，其方法就是说“好的＋没关系”。过去，当别人提了一个“不合我意”的要求，或冒犯我时，我几乎条件反射般地说：我不干、没时间、我不会、凭什么、怎么可能、你怎么回事。否定、抱怨、愤怒的情绪随即而来，伤人又伤己。今天，我要控制情绪，只要不是原则性问题，我都要微笑并大度地和对方说“好的，没关系”。我相信，这两个神奇的词会像春风一样滋润人们的心田。

第四，不好意思。领导者要敢于放下面子，放下面子才会有面子，麻烦下属时要说“不好意思”，决策错误时要说“不好意思”。

第五，我们一起干。这是行动领导力，这才是最好的领导口才，就像打仗的时候，要说“同志们，跟我冲啊”，而不是说“同志们，给我顶住”。我们一起干，最能激发下属的潜能。

第六，这是为什么呢。这句话能很好地激发下属的工作思路，属于循循善诱型领导风格，孔子就是这样的沟通风格，而非纯粹给答案式的或下命令式的沟通风格。

第七，您真是太厉害了。这是一种简单却又神奇的鼓励技术，美人是被夸美的，丑人是被骂丑的，赞美如春风细雨，任何一个经常被赞美的人都拥有相对健康的人格，辱骂如寒风冷雪，再柔软的心也会变得僵硬。

第八，我不认同但我支持。李开复先生曾说过他在美国大学的博士生导师曾告诉他“我不同意你，但我支持你”，这句话对他一生的影响很大，甚至决定了他工作后的领导风格，这句话背后体现的是开放与尊重。

第九，请您给我提三个建议。能让下属给自己提建议的领导，才拥有真正的大胸怀、大格局，这看上去很简单，事实上却很难。在历史上，即便是唐太宗那样英明的帝王，也想把不断提建议的魏征杀掉，所以，如果一个领导者能够把“请您给我提三个建议”挂在嘴边，实在可以称得上伟大。（在此，也请读者朋友给我和本书提三个建议，请发往470692671@qq.com，非常感谢。）

以上45个真诚朴实的字——您、谢谢、没关系、不好意思、我们一起干、这是为什么呢、您真是太厉害了、我不认同但我支持、请您给我提三个建议——就是领导口才的精华，能做到这45个字的领导者应该是卓越的领导者，也一定是正气的领导者。